AF453054

ORDONNANCE ROYALE

SUR LES

GRANDES MANŒUVRES

DE L'ARMÉE PRUSSIENNE

STRASBOURG, IMPRIMERIE DE VEUVE BERGER-LEVRAULT.

ORDONNANCE ROYALE

SUR LES

GRANDES MANŒUVRES

DE L'ARMÉE PRUSSIENNE

EN DATE DU 29 JUIN 1861

TRADUIT DE L'ALLEMAND

PAR

EUGÈNE PITOIS

CAPITAINE AU 52ᵉ DE LIGNE

PARIS

VEUVE BERGER-LEVRAULT ET FILS, LIBRAIRES-ÉDITEURS

5, RUE DES BEAUX-ARTS

MÊME MAISON A STRASBOURG

1868

AVIS DES ÉDITEURS.

Au moment où toutes les armées sentent la nécessité d'une transformation amenée par l'adoption d'un nouvel armement, nous avons pensé qu'il serait intéressant de mettre sous les yeux de MM. les officiers de l'armée française une traduction exacte de l'*Ordonnance sur les grandes manœuvres de l'armée prussienne*.

Nul n'ignore aujourd'hui que c'est par une prévoyance de tous les instants et par une instruction solide donnée à son armée, que la Prusse a su, malgré ses cinquante ans de paix, préparer les succès de sa campagne de 1866.

Ces manœuvres sont, autant que possible, l'image de la guerre; s'adaptant à tous les terrains, il suffit de les étudier pour en comprendre toute l'utilité.

ORDONNANCE DU ROI

EN DATE

DU 29 JUIN 1861.

A notre Ministre de la guerre et de la marine.

Les préceptes qui suivent, présentent le résumé des différentes ordonnances, instructions et traditions qui ont servi de règle, jusqu'à présent, pour diriger et exécuter les grandes manœuvres.

Ces préceptes ont pour but d'offrir à cette importante branche du service un guide dont la concision en facilite la pratique. Ils ne renferment de nouveau que ce qui est nécessaire pour faire comprendre l'influence qu'a eue sur la tactique, l'adoption des armes rayées. Ils s'en tiennent au principe énoncé dans l'ordonnance du 12 juillet 1840, savoir: 1° La brigade est la plus grande unité avec laquelle on puisse exécuter les manœuvres purement tactiques et prescrites par les règlements; 2° les manœuvres ayant toujours lieu avec le concours des différentes armes, leur emploi pour atteindre un but commun, doit être combiné de telle sorte que les mouvements des troupes soient dirigés d'après la nature du terrain. Je vous charge de donner à cette ordonnance la publicité nécessaire et d'en faire comprendre, selon les grades, le but et le contenu.

Au château de Babelsberg, le 29 juin 1861.

GUILLAUME.

TABLE DES MATIÈRES.

PREMIÈRE PARTIE.

DE LA DIRECTION.

DEUXIÈME PARTIE.

DE L'EXÉCUTION.

PREMIÈRE PARTIE.

DE LA DIRECTION.

CONSIDÉRATIONS GÉNÉRALES SUR LE BUT, L'ORDONNANCE ET LA DIRECTION DES MANŒUVRES.

Les manœuvres ont pour but : 1° de rendre les officiers de tous grades aptes à bien remplir, en campagne, les devoirs qui leur sont imposés; d'apprendre à la troupe à manier ses armes avec adresse, et à exécuter, avec ordre et calme, les mouvements nécessaires; 2° d'apprécier le degré d'instruction des corps de troupe.

Il y a deux espèces de manœuvres :

I. Celles dont l'objet appartient à la simple tactique; elles ont pour but d'apprendre aux troupes à se servir de leurs armes et de les habituer à l'exécution prompte et régulière des mouvements de combat (évolutions);

II. Les exercices dans lesquels on tient compte du terrain d'après une idée générale prise pour base (manœuvres).

On les exécutera de deux manières :

a) Manœuvrer contre un ennemi marqué et conduit par un officier désigné à cet effet, les troupes (division ou corps d'armée) étant sous le commandement d'un seul chef.

1

b) Faire manœuvrer l'un contre l'autre, d'après une idée générale prise pour base, deux corps d'armée commandés par deux chefs.

Les exercices cités au § Ier sont ordonnés par les règlements des différentes armes. Il est certainement essentiel d'en suivre les prescriptions, mais il est important aussi que celui qui commande la manœuvre sache choisir et appliquer les mouvements qu'il fait exécuter, et surtout qu'il soit sûr de lui.

Il résulte de la nature de ces exercices que la brigade est la plus grande unité tactique qui puisse, en les exécutant, remplir, sous tous les rapports, le but proposé. Afin de faire concourir les différentes armes à un but commun et pour que la manœuvre ait un résultat utile, il faut la faire exécuter sur un terrain dont la configuration s'adapte aux mouvements des troupes.

Le but le plus essentiel des exercices indiqués au § II est de mettre à l'épreuve les capacités des officiers et des soldats, de les exercer à bien profiter du terrain et à saisir avec intelligence la situation dans laquelle ils se trouvent. Il est bon, en faisant une supposition qui précise la situation des troupes (idée générale), de donner au commandant en chef, ainsi qu'aux commandants des subdivisions, l'occasion de montrer et de perfectionner leur coup d'œil militaire, leur initiative et l'habileté qu'ils ont acquise dans le maniement des troupes d'après la disposition du terrain et les autres circonstances qui peuvent se présenter. Il est bien entendu, pour celui qui comprend le but de ces exercices, qu'aucun mouvement n'est prescrit, qu'aucun temps n'est fixé, que tout doit être laissé à la disposition du chef, que celui-ci n'a reçu, outre l'idée générale, aucune instruction précisant l'issue de l'affaire, que la situation à la fin de la manœuvre, ne doit être considérée que comme le résultat des dispositions qu'il a prises. Rien ne serait plus contraire au but qu'on se propose, que de se préparer aux manœuvres réelles par des manœuvres d'essai arrangées d'avance.

Les manœuvres seront, au contraire, utiles et instructives en raison de ce qu'elles mettront les troupes dans des cas où celles-ci pourront se trouver, et se trouveront à la guerre, et qu'elles les habitueront à vaincre les obstacles qu'elles y rencontreront. Il peut se faire, en campagne, qu'une division, qu'un corps soit en marche sans savoir s'il rencontrera l'ennemi et dans quelle position il le rencontrera. L'annonce inattendue de sa présence, peut-être son apparition elle-même, mettra le corps dans la nécessité de déployer rapidement la colonne pour passer à une formation tactique. Le corps peut avoir marché en plusieurs colonnes; il aura ainsi plus de difficultés à prendre les dispositions qu'exige l'apparition soudaine de l'ennemi. Il est important que les troupes soient exercées à ces mouvements, qu'elles soient de temps en temps mises en marche, et que le commandant en chef annonce tout à coup la présence de l'ennemi ou fasse apparaître à l'improviste les troupes qui le simulent; le corps sera mis en demeure de déployer la colonne de marche en surmontant toutes les difficultés de terrain.

Pour que ces exercices atteignent leur but, il faut que le commandant en chef rectifie sur-le-champ les fautes commises, et qu'il donne les explications nécessaires; tous les mouvements doivent donc être exécutés avec le plus grand calme et sans aucune précipitation.

Dans toute manœuvre l'ordre doit nécessairement régner dans la troupe. Si la grande régularité de tenue et de mouvements exigée dans les parades ne peut pas toujours être observée dans les manœuvres, l'ordre ne doit cependant jamais y manquer; autrement il serait impossible de faire un emploi convenable des troupes. Il faut que les hommes ne perdent jamais leur place dans le rang; car c'est le seul moyen de pouvoir disposer à tout instant, et par un simple commandement, d'une fraction de troupe, par exemple, d'une section dans le bataillon.

Les exercices indiqués au § II, *b*, sont les manœuvres de deux corps d'armée (manœuvres de campagne). Les deux corps sont opposés l'un à l'autre et placés dans une situation de guerre déterminée par une supposition (idée générale); les commandants prennent les dispositions qui leur paraissent les plus convenables, après avoir jugé par eux-mêmes de leur situation respective.

Ces manœuvres ont pour but principal d'exercer et d'habituer à embrasser d'un coup d'œil rapide et sûr les circonstances qui se présentent à la guerre, à les apprécier et à agir d'après cette appréciation.

L'idée générale doit toujours désigner d'une manière

précise et complète la situation des deux partis, mais sans rien indiquer de ce qui doit être laissé à l'appréciation des deux chefs d'après le jugement qu'ils en auront porté en toute liberté. Il serait tout à fait contraire au but de ces exercices de limiter ainsi les dispositions. L'idée générale peut déterminer la position stratégique des deux partis opposés l'un à l'autre, pour une durée de plusieurs jours; cependant, la nature du terrain peut rendre nécessaire la substitution d'une autre idée à la première pour les exercices suivants. Toutefois, l'idée générale communiquée à chacun des deux chefs ne doit leur indiquer que ce qui caractérise la situation de leur corps et ne leur donner que les renseignements qu'ils pourraient se procurer à la guerre par les moyens dont ils disposeraient. On peut aussi supposer que la nouvelle soudaine d'événements étrangers à la tactique change la situation et qu'on soit forcé de prendre rapidement des dispositions appropriées à la circonstance.

Les chefs des deux partis indiquent d'une manière générale l'emplacement et les mouvements des troupes; ils ne font connaître le point de vue sous lequel il faut considérer la situation, le but qu'on se propose, les moyens à employer, que pour faire bien comprendre les ordres qui les concerneront. Ces ordres seront rédigés avec la plus grande concision; ceux qui pourront être donnés verbalement, comme il arrive généralement en campagne, ne seront pas l'objet d'un ordre écrit. Chaque chef de subdivision poursuit le but que lui assignent les dispositions prises, d'après sa propre appréciation des lieux, de la position et des mouvements de l'ennemi, bref, de tous les obstacles qui peuvent influer d'une manière favorable ou défavorable sur l'accomplissement de sa tâche. Ces exercices atteindront leur but essentiel, s'ils donnent aux chefs des deux partis l'occasion de montrer la manière dont ils saisissent et jugent les situations qui se présentent à la guerre et la promptitude qu'ils mettent à prendre une décision appropriée aux circonstances. Il resterait beaucoup à désirer, si l'on ne donnait dans certains moments, mais dans des limites restreintes, aux chefs de subdivisions (brigades, bataillons, escadrons ou batteries) la faculté de concourir au but général d'après leur propre jugement, sans se trouver astreints à un rôle purement passif.

Si le plan d'ensemble de la manœuvre ne provoquait pas cet esprit d'initiative dans les grades inférieurs, l'idée générale ne répondrait pas au but de l'exercice.

Lorsque la tâche donnée à chaque parti permet une solution qui réponde aux divers buts que les manœuvres doivent atteindre, les dispositions qu'on aura prises exerceront les forces et l'habileté des chefs de toutes armes et de tous grades.

Le fractionnement toujours nécessaire en avant-garde, gros et réserve, d'une subdivision qui marche au combat, offre à plusieurs officiers le moyen d'agir d'après leur propre jugement et, jusqu'à un certain point, d'une manière indépendante.

Les détachements qu'exige le plan d'ensemble fournissent cette occasion encore plus fréquemment et d'une

manière plus variée. Si les mouvements des deux partis
ne commencent que lorsque la situation de chacun d'eux
est parfaitement connue, et que, par conséquent, on ne
peut plus atteindre le but proposé que par le combat,
on aura négligé le moyen le plus essentiel de rendre ces
exercices instructifs.

L'exercice du combat même, la tactique proprement
dite, n'est ici qu'un but subordonné. Savoir tirer parti
du terrain et appliquer les règles tactiques n'est égale-
ment que chose secondaire. L'objet principal consiste dans
l'emploi convenable des forces qu'on a sous la main,
pour arriver à un but déterminé; il est donc composé
des marches, des mouvements à faire hors de la vue de
l'ennemi, bref, de toutes les dispositions préliminaires
dont le plus ou le moins de valeur sera toujours déterminé en dernier lieu par la position où se trouveront les
deux partis au moment du combat (ce qui n'aura lieu
qu'à la guerre). L'idée générale laissera la plus entière
latitude pour cette partie essentielle des manœuvres. Elle
désignera, de manière à répondre au but général, la
position de chacun au commencement de l'exercice, les
points de départ des deux corps. Chaque parti devra se
trouver dans la nécessité de se procurer sur la position
de son adversaire les renseignements qui lui manquent
et qui doivent lui manquer; il emploiera, à cet effet,
les moyens dont on peut disposer en campagne. Les
deux partis opposés doivent être assez éloignés l'un de
l'autre, pour que les détachements chargés à la guerre
de reconnaître les forces de l'ennemi, sa position, etc..

aient un espace suffisant pour exécuter leurs mouvements. Les exercices gagneront en intérêt et seront plus
instructifs si le terrain à reconnaître est varié et si, par
conséquent, il se prête à l'emploi de toutes les armes.
Le service des avant-postes, des grand'gardes, des postes
de soutien demandera, dans ce cas, une plus stricte observation de la nature du terrain et deviendra par là
plus instructif.

L'idée générale peut obliger l'un des deux partis à
attendre, dans une position défensive, les mouvements
de l'ennemi et même son attaque, et forcer ce dernier
à sacrifier une partie de ses forces pour surmonter les
obstacles du terrain et à continuer, avec les forces affai-
blies, le combat contre les réserves de l'adversaire.
Dans ce cas, l'essentiel est de bien choisir la position
et de profiter habilement du terrain, surtout pour placer la réserve. L'attaque est indiquée à la partie adverse.
Reconnaître le côté faible de la position ennemie, dis-
tribuer habilement ses troupes d'après leur nombre et
leur composition en différentes armes, former et placer
convenablement la réserve (qui ne doit jamais manquer), telle est sa tâche.

Les deux partis pourront être amenés par l'idée générale à faire des mouvements d'attaque. Dans ce cas, ils
se rencontreront avec l'intention commune d'attaquer.
Pour prendre des dispositions bien entendues, il faudra
jeter un coup d'œil rapide sur la situation, telle qu'elle
ressort de toutes les circonstances qui la déterminent,
terrain, forces et position de l'ennemi, etc.

Les divisions qui manœuvrent se rapprochent conformément aux dispositions données. Tout ce qui se passera alors, sera d'autant plus utile et plus instructif qu'on représentera plus fidèlement l'image d'une véritable action de guerre dans une campagne réelle. Il faut avant tout bien apprécier toutes les parties du terrain, rechercher l'influence qu'elles auraient en campagne sur la marche d'un combat entre deux troupes d'égale valeur, et trouver le parti qu'on pourrait en tirer.

Si l'on veut que ces exercices soient instructifs, il ne faut pas se servir, pour arriver à ses fins, de moyens qu'en pareil cas il serait impossible ou très-difficile d'employer à la guerre; il ne faut pas, par exemple, que dans une manœuvre, on veuille obtenir avec une colonne d'attaque un résultat qu'on n'aurait à la guerre que par la supériorité du feu.

Pour que les chefs des subdivisions et des armes spéciales puissent trouver l'occasion de montrer leur coup d'œil, leur initiative et le degré d'instruction militaire qu'ils possèdent, il faut qu'il y ait dans le mouvement d'ensemble assez de lenteur, de temps d'arrêt, pour que chacun d'eux puisse se rendre compte de la situation du moment, et prendre un parti en rapport avec les observations qu'il a faites.

Une précipitation aussi peu naturelle que contraire au but qu'on se propose dans ces exercices, provient ordinairement de ce qu'on n'observe pas les dispositions qu'a prises l'ennemi, dispositions qui, à la guerre, retardent et même empêchent l'exécution des mouvements

que l'on veut faire. En campagne, on éprouve souvent
la nécessité de tenir compte d'influences morales dont
il ne peut être question dans ces exercices. Les essais
si fréquents de manœuvres tournantes contribuent aussi
à faire perdre le calme et l'ordre dans les exercices plus
facilement qu'à la guerre. Un mouvement tournant,
c'est-à-dire, une menace sur les flancs ou sur les derrières
de l'ennemi, ne peut pas être absolument considéré
comme un avantage pour celui qui exécute cette manœuvre et comme un désavantage pour celui qui est
tourné. Tout dépend de la manière dont les deux partis
se rencontrent pour le combat à la fin du mouvement.
Celui qui est tourné peut souvent, s'il a ses forces réunies ou ses réserves disponibles, faire un très-mauvais
parti à celui qui, pour le tourner, a divisé ses forces
ou les a trop étendues.

A la guerre, un combat se passe en plusieurs actes séparés de temps et de lieux; il en sera de même dans les
exercices, si, abstraction faite de l'opportunité des dispositions qu'on aura prises et de leur influence sur la
marche de l'ensemble, la manière de diriger les troupes
est bien appropriée, pour les détails, au terrain choisi;
si l'ordre qu'on exige habituellement de la troupe dans
les champs de manœuvre est conservé ou s'il est promptement rétabli, lorsque les difficultés du terrain ont pu
le troubler; si l'on ne s'écarte que momentanément de
la formation réglementaire des troupes dans la division, la brigade, et comme on le ferait à la guerre dans
des cas où le terrain et d'autres circonstances majeures

l'exigeraient; si les mouvements sont exécutés à l'allure habituelle de la marche (à l'exception de quelques cas se présentant très-rarement); si l'emploi des différentes armes est fait d'une manière judicieuse; si l'infanterie exécute ses colonnes d'attaque, la cavalerie, ses charges, l'artillerie, la manœuvre de ses pièces, comme l'exigent les règlements. Les manœuvres en deux partis auront toute l'utilité qu'elles peuvent avoir, si l'on satisfait à ces exigences et si l'on tient compte de l'effet que doivent produire les différentes armes; en négligeant ces principes on se mettra souvent dans les positions les plus anormales, et l'on perdra la formation primitive, condition indispensable de tout ordre.

Les chefs des subdivisions et des différentes armes, guidés par un coup d'œil rapide et sûr, trouveront aussi, dans la marche régulière et bien entendue de l'ensemble, l'occasion d'agir de temps en temps par eux-mêmes et de mettre promptement à profit les fautes commises par l'ennemi; de cette manière, ils participeront à la marche de l'ensemble en aidant leur parti à atteindre le but proposé.

L'attrait qu'offrent ces exercices, et qui s'affaiblirait nécessairement faute de ce stimulant, sera augmenté et gardera toute sa vivacité, même dans les grades inférieurs.

II. PRESCRIPTIONS SPÉCIALES POUR LA DIRECTION DES MANŒUVRES.

A. Des manœuvres de division et de corps d'armée avec un ennemi marqué.

Ces manœuvres ont pour but d'exercer les officiers du grade le plus élevé à faire mouvoir, avec ordre et *d'après la configuration du terrain,* de grandes masses de troupes, en supposant une opération de guerre. Elles ne doivent, par conséquent, jamais dégénérer en un exercice d'école.

A l'avenir, on ne devra indiquer pour les manœuvres de division ou de corps d'armée que l'idée générale et le rendez-vous des troupes. Il appartient au commandant de se rendre compte du moment où la manœuvre sera terminée; il ne devra communiquer aux troupes ni dispositions ni instructions à ce sujet; mais il dirigera toute l'exécution au moyen de commandements et d'ordres communiqués verbalement par les adjudants.

L'ennemi sera marqué, avec ses différentes espèces d'armes; il ne le sera jamais par des corps de troupes réduits, en ordre de bataille. Le dessin ci-joint et ses annotations en donnent un exemple[1].

---

1. Voir l'annexe VII du Supplément, p. 118 et suivantes.

B. Des manœuvres de campagne.

1. *Préparation de la manœuvre.*

Le commandant en chef qui dirige l'ensemble, conçoit :

1º L'idée générale.

Elle indique d'une manière générale la situation de guerre dans laquelle sont supposés les partis qui opèrent l'un contre l'autre ; elle est, par conséquent, *la même pour les deux partis*. Ensuite,

2º Les idées spéciales.

Elles limitent les circonstances particulières qui doivent influer d'une manière déterminante sur chacun des deux partis, et indiquent en même temps le but à atteindre.

Suppositions de troupes.

Il faut absolument éviter de faire entrer en ligne de compte des troupes supposées, c'est-à-dire, des bataillons ou des escadrons à fanions. On rend une manœuvre plus intéressante et plus utile en changeant le rapport numérique des deux partis ; si, pour y arriver, on se sert de troupes simulées ou à fanions, on ne devra pas les faire, pour ainsi dire, surgir du sol du champ de bataille ; elles devront apparaître en dehors du terrain du combat et être signalées en temps et lieu à l'adversaire, au moins aussitôt qu'il apprendrait, par ses patrouilles, l'approche de troupes véritables.

Suppositions de terrain.

Les suppositions de terrain n'ont plus lieu; le terrain doit toujours être considéré tel qu'il est réellement.

Distribution des idées spéciales.

Les idées spéciales ne doivent jamais être données que pour un jour, parce que la nouvelle situation ne peut être tout à fait définie par le commandant en chef, que d'après la position qu'on occupera à la fin de la journée.

Les idées spéciales peuvent être préparées pour les manœuvres suivantes d'une manière générale, mais elles ne seront formulées définitivement et communiquées qu'au moment même de leur mise à exécution.

Dispositions laissées à l'initiative des chefs.

Les chefs des deux partis opposés projettent eux-mêmes leurs dispositions, en se basant sur l'idée générale et les idées spéciales données; ils les soumettent au commandant en chef. L'action de ce dernier ne consiste plus qu'à modifier ces dispositions, lorsqu'elles sont en opposition avec son idée spéciale.

Elles doivent toujours indiquer le rendez-vous, l'endroit où le commandant attend les ordres, la direction qu'on prendrait en cas de retraite et un ordre de bataille.

2. *Action du commandant en chef sur la marche de la manœuvre.*

Le commandant en chef laisse la plus entière latitude pour exécuter ces dispositions; il n'intervient que lorsqu'il veut modifier la situation des deux partis, en donnant une nouvelle idée spéciale, ou bien, lorsque cette situation a été tellement modifiée par la marche du combat ou la décision des arbitres (voir le § 1 des conventions faites pour les manœuvres), qu'il est nécessaire de donner à la manœuvre une nouvelle direction.

3. *Critique sur les lieux.*

Le commandant en chef est chargé de critiquer la manœuvre. A cet effet, il la suit, dans ses préliminaires et dans ses mouvements de combat, d'assez près pour se former un jugement sur les chefs, la tenue, la discipline et l'instruction des troupes. Il a encore à sa disposition les remarques des arbitres, que ceux-ci sont tenus de lui communiquer lorsqu'il le demande. En règle générale, cette critique est faite à la fin de chaque journée de manœuvre.

Cependant il est recommandé, lorsqu'il se produit des engagements anormaux d'une grande étendue, *d'arrêter momentanément* la marche de la manœuvre, pour faire ressortir, en comparant les situations respectives, les conséquences qui en résulteraient à la guerre, et pour rétablir l'ordre, s'il a été troublé.

Au signal de la halte générale, donné dans ce but et répété par tous les trompettes, on cesse le feu, tous les corps de troupes s'arrêtent immédiatement à l'endroit où ils se trouvent, l'infanterie forme les faisceaux, l'artillerie et la cavalerie mettent pied à terre ; les tirailleurs et les flanqueurs ne rentrent pas.

Lorsqu'on sonne à l'ordre, les chefs des corps constitués, y compris les chefs de bataillons, et les chefs des subdivisions, des batteries et des escadrons détachés se rendent avec leurs adjudants à l'endroit d'où le signal est parti.

Les mouvements sont continués au signal de l'en-avant général.

4. *Fin de la journée de manœuvre.*

Quand un des deux chefs croit avoir accompli, dans le cours d'une journée de manœuvre, la tâche qui lui était imposée, ou s'il est amené à la conviction qu'il ne peut atteindre le but indiqué, il en donne avis au commandant en chef, et lui fait connaître en même temps les endroits où il a l'intention d'établir ses avant-postes et ses bivouacs. Aussitôt qu'il en a reçu l'autorisation, il prend ses mesures pour faire cesser le combat d'après les règles, et pour placer ses avant-postes sur le terrain qu'ils doivent occuper.

Une fois les avant-postes placés, on peut, s'il est nécessaire, accorder un court repos aux troupes. Cependant, le commandant en chef peut, à son gré, ordonner la fin de la journée et régler la position des avant-postes des deux partis.

Cette partie essentielle des exercices qui consiste à placer les avant-postes et à camper, comme on le ferait devant l'ennemi, ne doit pas être négligée en faisant une suspension conventionnelle des hostilités[1].

---

1. Lorsque, par exception, on ne devra pas terminer le combat et camper comme on le ferait à la guerre, la fin de la manœuvre sera indiquée par un signal d'arrêt général.

5. *Fin de la manœuvre.*

La fin de la manœuvre est indiquée, au dernier jour, par le signal du rassemblement et de l'appel général.

6. *Critique à la fin de la journée de manœuvre.*

A la fin de la journée, le signal de l'ordre général rassemble les commandants, etc., autour du commandant en chef pour la critique de la manœuvre. Cependant, afin de ne pas retarder les troupes dans l'établissement de leur camp et de leurs lignes d'avant-postes, les officiers commandés pour les avant-postes n'assistent pas à la critique; de plus, un officier supérieur, commandé d'avance, dirige la marche du restant des troupes; le plus ancien capitaine prend le commandement de son bataillon (infanterie) ou de son régiment (cavalerie). Les communications que les officiers supérieurs ont à faire à leurs subordonnés, se font au bivouac.

7. *Influence des cantonnements sur la direction.*

Quand plusieurs portions de troupes réunies devront bivouaquer, comme il arrive généralement lorsque des corps d'armée opèrent l'un contre l'autre, leur position, à l'issue de la manœuvre, peut complétement dépendre des mesures prises par les chefs et de leur exécution. Dans les cas, au contraire, où l'on devra se rendre, à la fin de la manœuvre, dans des cantonnements, ceux-ci devront être préparés à l'avance avec la participation de l'autorité civile; afin de mieux loger les troupes et de s'éviter la peine du logement, il faudra cependant remplir certaines conditions: ainsi, l'on ne devra ni demander à la manœuvre un dénouement défini, ni marcher, à la fin de l'exercice, vers des cantonnements et occuper des avant-postes dont la position ne soit pas en rapport avec la situation.

Il ne faut pas oublier que pour qu'une manœuvre se rapproche de la réalité, la troupe ne doit pas faire, par jour, plus de 3 à 4 milles[1]. Ce sera une occasion pour l'état-major de montrer sa prévoyance.

Cette observation s'applique aussi à l'établissement des magasins pour les besoins des hommes et des chevaux.

Si le temps est défavorable ou si d'autres circonstances obligent le commandant en chef à cantonner les troupes au lieu de les faire bivouaquer, les cantonnements devront être resserrés comme à la guerre. Ils seront, dans ce cas, déterminés à la fin de la manœuvre et sur le terrain d'exercice même; le commandant en chef désignera, d'une manière générale, d'après la carte, l'étendue du rayon à occuper et la distance à laquelle devront se trouver les troupes de sûreté; il assignera aux subdivisions (divisions ou brigades) les emplacements qu'elles devront occuper, et déterminera les points de rassemblement en cas d'alerte. La répartition des corps de troupes dans les cantonnements et la désignation des places d'alarme sont laissées aux officiers en sous-ordre.

Comme, dans ces cas, on expédie les vivres, la paille et le bois, il ne s'agit plus que de trouver l'emplacement des troupes; par conséquent, des bataillons et des

---

1. Un mille allemand équivaut environ à 7 ½ kilomètres. (Note du traducteur.)

escadrons entiers pourront être logés dans des villages ou des fermes isolées.

Les chevaux qui ne peuvent trouver place dans les constructions, pourront au moins être mis à l'abri auprès d'elles.

La police militaire exercera dans ces cantonnements une surveillance sévère, afin d'éviter le feu ou d'autres dommages.

Ces deux sortes de cantonnements seront protégés par des avant-postes qui bivouaquent; l'état de guerre continue pour toutes les troupes dans l'étendue du rayon qui leur a été assigné.

8. *Conduite des voitures, du train, etc.*

Il est important que les troupes reçoivent au bivouac, aussitôt que possible, les vivres nécessaires. Comme l'emplacement des bivouacs n'est pas connu d'avance, les voitures ne peuvent être placées convenablement qu'en dehors du terrain de manœuvre et d'après la marche probable des opérations; il faut généralement les parquer en différents points, surtout lorsque deux corps d'armée sont en présence, afin que tout le train de voitures ne soit pas obligé de passer par la même route. On fera toujours connaître d'avance au commandant en chef l'emplacement des voitures.

Aussitôt que celui-ci saura le résultat de la journée, il indiquera la direction qu'elles devront prendre. Dès que l'emplacement des bivouacs sera agréé, les chefs des deux partis veilleront à ce qu'elles y arrivent sans retard.

III. CONVENTIONS NÉCESSAIRES POUR EXÉCUTER LES MANŒUVRES DE CAMPAGNE.

***

A. *Décision des combats et intervention du commandant en chef dans le cours de la manœuvre.*

1. En temps de paix, la bravoure ne peut pas avoir d'influence sur le sort d'une bataille; on ne peut pas tenir compte de l'effet du feu, comme on serait forcé de le faire à la guerre : il faut donc attendre de l'intelligence des chefs opposés, qu'ils décident du combat en envisageant judicieusement la situation et en calculant avec exactitude les suites de l'attaque ou de la défense. Il ne manquera pas d'arriver que la manière de voir des partis opposés soit différente. Comme, dans les manœuvres de paix, il faut abréger, autour des localités, un combat qui, s'il était réel, prendrait plusieurs heures, il est nécessaire de décider la question.

Des arbitres, qui laissent au reste des dispositions leur libre cours, sont chargés, dans ces cas particuliers, de donner cette décision.

Ils ne se règlent que sur la position actuelle; ils décident sans avoir égard à la tournure que pourra prendre la manœuvre, et sans s'inquiéter si elle est conforme ou non à l'idée générale :

a) Si une troupe doit se retirer;

b) Si elle doit être considérée comme prise;

c) Ou comme coupée;

d) Si elle est momentanément hors de combat, et pendant combien de temps.

Les catégories *b* et *c* retournent aussitôt à leur corps, et ne prennent plus part au combat pendant la journée; la catégorie *d* se retire derrière la ligne de bataille, et y reste pendant le temps qui lui est assigné.

Le commandant en chef et les commandants des partis opposés doivent être aussitôt informés de cette décision, afin de pouvoir prendre leurs mesures.

A l'exception des cas où S. M. le roi a nommé des arbitres spéciaux, le commandant en chef qui dirige l'ensemble des opérations remplira les fonctions d'arbitre; comme la manœuvre occupe une assez grande étendue de terrain, et qu'il ne peut être présent partout, il lui est réservé de nommer un ou plusieurs officiers supérieurs, qu'il désigne d'avance aux troupes et qu'il délègue pour donner une décision en cas de nécessité.

B. *On devra, dans les manœuvres, tenir un compte suffisant de l'effet du feu, de la spécialité des différentes armes et de la configuration du terrain.*

2. Les batteries ne devront pas faire feu l'une contre l'autre à moins de 250 pas. Le feu de mousqueterie ne s'exécute pas en plaine à moins de 200 pas. Les charges de cavalerie et les attaques à la baïonnette s'arrêteront à 60 pas de l'ennemi. Elles devront toujours être conduites jusqu'à cette distance avec l'énergie prescrite par les règlements, sous peine de ne pas être considérées comme attaques.

La cavalerie et l'artillerie ne peuvent s'arrêter dans la portée efficace du feu de l'infanterie; l'infanterie et la cavalerie ne doivent pas marcher à rangs serrés lorsqu'elles peuvent être atteintes par la mitraille; les tirailleurs et l'artillerie ne traverseront pas, sans être couverts, une plaine commandée par la cavalerie ennemie.

3. Les pièces de canon sur leur avant-train, qui n'ont pas encore tiré ou qui ont cessé le feu, peuvent être prises par les tirailleurs ou la cavalerie, si elles ne sont pas protégées ou si elles ne le sont que faiblement.

4. Si une position avantageuse, un défilé, par exemple, peut être emportée de front par des forces supérieures (il est bien entendu que les moyens de défense ont été pris convenablement), elle ne le sera pas à la première attaque; il faudra donc, à la manœuvre, ébranler les défenseurs par un feu supérieur avant d'attaquer à l'arme blanche. Cette attaque devra, en général, être répétée; les troupes qui auront été repoussées devront chaque fois se retirer aussi loin qu'elles le feraient dans un combat sérieux pour se reformer, se relever et recommencer le combat. Une attaque ainsi renouvelée doit être préparée par un feu bien nourri d'artillerie et d'infanterie; on marchera ensuite à la baïonnette et autant que possible avec des masses renforcées. S'il existe des troupes fraîches en nombre suffisant, il peut être utile de les conduire à l'attaque à de courts intervalles, coup sur coup.

5. Il est difficile de rendre complétement, dans une

manœuvre, une attaque de cavalerie réussie; car, dans un combat réel, une cavalerie qui aura été culbutée ne reparaîtra plus de longtemps, peut-être même de la journée, sur le champ de bataille. L'infanterie et l'artillerie contre lesquelles réussit une attaque de cavalerie sont en général hors de combat. Les arbitres détermineront les limites du succès; le vainqueur devra compléter, en s'inspirant de la situation, l'avantage qu'il a obtenu. Dans un combat véritable, il se trouve souvent des moments à grandes décisions et à brillants faits d'armes : les arbitres devront les surveiller avec un soin tout particulier. On ne doit pas permettre que la cavalerie, lorsqu'elle combat en ligne déployée, reste serrée, comme cela s'est fait jusqu'à présent, ni que les charges soient faites à des intervalles trop rapprochés. La cavalerie culbutée s'en retourne toujours au trot; si le parti jugé victorieux veut poursuivre l'autre, il ne le fera qu'à 500 pas de distance.

6. Un bataillon formé en carré, qui ne peut pas encore être considéré comme ébranlé, ne doit pas être attaqué par un seul escadron; il faut pour cela trois à quatre escadrons; leurs attaques devront se succéder coup sur coup, et se faire, s'il est possible, de plusieurs côtés du bataillon.

C. Préceptes pour éviter les accidents, les désordres et les dégâts dans les propriétés.

7. Il faut, pour éviter tout danger, que les munitions soient éloignées de 60 pas du lieu du combat. Cette dis-

tance doit être absolument observée par toutes les troupes. Si, par suite de circonstances éventuelles, on s'en était plus rapproché, les officiers commanderaient : *Halte, l'arme au pied*, ou *le sabre au fourreau*. Celui qui doit se retirer est désigné par les arbitres, et le vainqueur ne continue à poursuivre le parti qui bat en retraite qu'à la distance de combat prescrite.

8. Comme il est interdit de faire feu dans le voisinage des constructions, des greniers à foin, etc., on ne pourra marquer la défense des villages que par des tireurs placés derrière les haies de jardins éloignés ou par des réserves massées qui aborderont l'ennemi par une attaque à la baïonnette. Les subdivisions qui devraient être placées dans des maisons, des fermes, des églises, ne feront que se rendre auprès de ces lieux, et seront instruites par leurs officiers sur la manière dont elles auraient à se conduire dans un cas réel de guerre.

9. La rupture des ponts n'est qu'indiquée ; les arbitres décident du temps qu'il faudrait pour les rétablir.

10. Les champs ensemencés, les prairies et les aménagements clôturés ne seront pas traversés par les troupes ; les chemins de fer ne seront franchis qu'aux passages et avec les précautions nécessaires. Toutefois ces circonstances de terrain ne comptent, au point de vue tactique, comme obstacles à la liberté des mouvements, que pour ce qu'elles sont par leur conformation naturelle et abstraction faite des règles de police : par exemple, les prés par leur nature marécageuse, les aménagements par leur épaisseur, les chemins de fer, s'ils

sont en remblai ou en déblai. Une portion de troupes qui traverse un chemin de fer situé au niveau de la plaine ne peut pas être considérée comme passant un défilé, parce que, dans un cas réel, elle le traverserait en ligne déployée, et qu'à la manœuvre, l'adversaire ne devra pas tirer parti contre elle du temps et de la formation qu'elle emploiera.

Tout dégât occasionné par un exercice de troupes sera à la charge de l'officier qui l'aura ordonné ou qui en avait la surveillance, à moins qu'une autorisation supérieure ne le dégage de cette responsabilité.

D. *Tenue des officiers assistant à la manœuvre.*

11. Les officiers qui assistent comme spectateurs à la manœuvre ne portent pas l'écharpe, afin de les distinguer des autres. Les arbitres portent l'écharpe et une bande blanche au haut du bras gauche.

DEUXIÈME PARTIE.

DE L'EXÉCUTION.

IV. EFFETS DES ARMES A FEU PRUSSIENNES.
DIFFÉRENCE ENTRE LE FUSIL A AIGUILLE ET L'ARME MINIÉ.
CONSÉQUENCES TACTIQUES.

Dans le tableau ci-après [1] sont représentés les effets de l'artillerie de campagne prussienne et du fusil à aiguille aux différentes distances. Comme on les communique, afin qu'on y ait égard dans l'exécution des manœuvres, il faut rappeler ici que l'infanterie prussienne est la seule qui possède le fusil à aiguille. Toutes les armées ont adopté l'arme Minié ou un système analogue; il s'ensuit que, au lieu d'avoir affaire aux fusils à aiguille, comme dans les manœuvres, l'infanterie prussienne est opposée, en campagne, à des troupes armées du fusil Minié.

L'armée connaît, par expérience, ces deux armes; il ne faudra donc que quelques lignes pour indiquer d'une manière générale leur différence, les conséquences tactiques qui en résultent et l'influence désavantageuse qu'elle peut avoir sur l'utilité des manœuvres.

---

1. Voir l'annexe VI, p. 109 et suivantes.

Ces deux armes sont à peu près équivalentes comme portée et comme justesse. La supériorité du fusil à aiguille ne consiste que dans la vitesse de son feu. On peut, avec cette arme, tirer trois fois plus vite qu'avec l'autre : elle tire 4 à 5 coups par minute; l'arme Minié 1 $^1/_2$. De plus, l'homme peut la charger étant couché; elle permet donc aux tirailleurs et même aux petites subdivisions qui sont à rangs serrés, en rase campagne, de se couvrir, avantage que n'a pas l'adversaire qui, chaque fois, est obligé de se lever pour charger.

Ces avantages rendent le fusil à aiguille tellement supérieur, que l'arme Minié, quoique construite pour les combats de mousqueterie, doit les éviter en face d'un tel adversaire, et chercher son salut dans le combat à la baïonnette.

Il ne peut pas être question ici d'attaque à la baïonnette, en rase campagne; car à 500 pas le feu est déjà efficace : l'ennemi aurait donc à essuyer, avant de joindre son adversaire, au moins 16 salves devenant à chaque pas plus meurtrières.

L'arme Minié doit donc éviter la rase campagne et toujours choisir pour champ de bataille les terrains couverts.

Là, ses colonnes d'attaque, dans leur mouvement en avant, seront plus longtemps à l'abri, et lorsqu'enfin elles seront exposées au feu de l'ennemi, elles auront une plus faible distance à franchir et un plus petit nombre de salves à essuyer.

Enfin, il ressort de la vitesse du tir du fusil à aiguille

qu'un bataillon de 300 hommes armés de ce fusil pro-
duira, dans un combat de mousqueterie, le même effet
qu'un bataillon de 900 hommes armés du fusil Minié; i
sera, de plus, exposé à des pertes relativement moindres,
par la raison qu'il offrira un but moins étendu que celui
qu'il a en face de lui.

Le fusil à aiguille permet donc d'épargner ses forces,
ses munitions, de combattre en ordre plus profond
que l'ennemi, c'est-à-dire, sur plus de rangs l'un derrière l'autre, de conserver plus de réserves, et de
songer, même sans supériorité numérique, à agir sur
les flancs de l'ennemi, tout en le contenant de front.

D'après cela, la tactique de guerre avec le fusil à aiguille devra remplir les conditions suivantes :

1° Engager l'ennemi dans un combat de mousqueterie
et l'y maintenir;

2° L'attirer, autant que possible, en rase campagne;

3° Combattre dans un ordre profond, mais qui permette cependant, afin d'obtenir des succès plus prompts
et plus grands, d'étendre à chaque moment le front de
la troupe.

Les manœuvres devenant d'autant plus instructives
qu'elles représentent plus fidèlement l'image de la
guerre, on se demande si les trois points indiqués, qui
doivent décider du dénouement d'un combat réel, peuvent trouver leur application dans des manœuvres, la
troupe ennemie étant armée du fusil à aiguille.

Nous répondrons négativement quant aux deux premiers points; l'exécution de ces manœuvres est impossible

sans mettre le fusil à aiguille en contradiction avec lui-même.

En ce qui concerne le troisième point, l'ordre profond ne peut être mis à profit, ni conduire à des résultats évidents, parce que le même ordre peut lui être opposé; on peut cependant l'appliquer sans nuire précisément au fusil à aiguille. Comme ce n'est, par le fait, qu'une formation élémentaire de tactique qui doit être inculquée au soldat et devenir pour lui comme une seconde nature, on doit, pour ces raisons, l'introduire dans les manœuvres.

—

V. MANIÈRE DE CONDUIRE LES PARTIS OPPOSÉS L'UN A L'AUTRE.

—

AVANT L'ENGAGEMENT AVEC L'ENNEMI.

Une manœuvre doit s'en tenir à sa base stratégique. Si l'on s'en écarte, ce ne doit être qu'en cas de force majeure, jamais de propos prémédité.

Il ne suffit pas de se rencontrer et de se battre; l'important est de savoir où, quand et comment. La stratégie peut exiger qu'on remette un combat, qu'on l'évite tout à fait, même quand un succès ne serait pas douteux; car une victoire coûte du temps, et, à la guerre, le temps est parfois plus précieux qu'une victoire, etc.

Ce qu'il faut trouver en pareille circonstance, c'est le terrain pour la manœuvre elle-même, le parti qu'en pourra tirer la direction pour reproduire une image fidèle de la guerre.

Cette appréciation a ses difficultés; car on compte avec une grandeur toujours inconnue, toujours variable; — inconnue, parce qu'on ne peut pas approfondir les desseins de l'ennemi, mais seulement les deviner; — variable, parce que, à chaque pas de l'ennemi et de ses propres troupes, la situation est modifiée par les lieux et le temps. Mais aussi ces difficultés, qui tiennent à la nature même des choses, donnent de l'utilité aux exercices et ne peuvent que les relever.

Au commencement, lorsque les nouvelles de l'ennemi sont insuffisantes, on saisit peu la situation; les dispositions à prendre dans ce cas ne doivent renfermer que les opérations du moment. Il ne faut pas, dès le début, jeter la semence des contre-ordres et des malentendus.

La règle, dans cette période de la manœuvre, est d'avoir une avant-garde ou une arrière-garde bien organisées, une connaissance approfondie du terrain, un ordre de marche concentré ou une formation qui permette de déployer rapidement; il faut, en outre, que l'artillerie et la réserve de cavalerie puissent facilement se porter en avant.

Ce n'est que lorsque les renseignements recueillis permettent de juger nettement de l'ensemble, qu'est arrivé le moment de compléter les dispositions. Le commandant décidera:

S'il doit éviter le combat;

S'il peut encore l'éviter, et comment;

S'il doit se battre, et où.

S'il est attaqué pendant qu'il marche en avant, c'est de l'avant-garde qu'il prendra le mieux ses dispositions. Voyant tout de ses propres yeux, il sera instruit plus tôt, et ses ordres parviendront plus rapidement aux troupes.

Les circonstances pouvant changer, il restera à l'avant-garde pendant que les adjudants communiqueront ses ordres.

PRÉPARATIFS DE COMBAT.

On se prépare au combat en se conformant aux règles suivantes :

A. Règle générale.

C'est de l'ordre réglementaire de bataille qu'il faut toujours partir, aussi bien pour ce qui regarde l'étendue des troupes que le rapport qui doit exister entre elles. Quand on s'en écarte (détachements, fractionnements, plus grande étendue de la ligne de bataille), ce doit toujours être dans un but bien défini; on ne doit considérer cet écart du règlement que comme un mal inévitable, et ne jamais l'employer sans un motif suffisant.

Dès qu'on a atteint le but particulier qu'on s'était proposé, il faut revenir à l'ordre primitif.

B. De la défense.

1. Les positions défensives doivent être choisies de manière :

a) Que les troupes soient placées à couvert jusqu'au moment de leur emploi;

b) Que l'on découvre bien le terrain qu'on a devant soi;

c) Que le front de la position soit perpendiculaire à la ligne de retraite, ou du moins pas trop oblique;

d) Que, si le terrain le permet, le front et les flancs soient renforcés par des accidents de terrain. S'il est impossible d'appuyer les flancs, il vaut mieux les couvrir par des réserves placées en arrière[1] que de s'étendre outre mesure.

2. Lorsqu'on est placé derrière des défilés, la défense doit être préparée de telle sorte que le défilé ait une influence heureuse sur le combat.

Cela peut surtout se faire de l'une des quatre manières suivantes :

a) Par la défense immédiate des passages;

b) Par l'attaque de l'ennemi divisé en plusieurs colonnes, en se précipitant sur l'une d'elles avec des forces supérieures;

c) Si l'ennemi a franchi le défilé en une colonne, en l'attaquant avant qu'il n'ait eu le temps de se procurer le terrain nécessaire pour se déployer;

d) Enfin, quand le défenseur peut attaquer son adversaire assez près du défilé pour que celui-ci n'ait qu'une seule ligne de retraite très-rapprochée, sur ses derrières, et qu'il soit forcé de prendre un ordre de bataille oblique; résultat que le défenseur, devenu agresseur, pourra presque toujours atteindre parce qu'il n'a pas de défilé derrière lui.

---

1. En plaine, par des canons rayés.

Le défenseur devra chercher à se procurer un de ces avantages, et l'on jugera du degré de succès qu'il aura obtenu.

C. De l'attaque.

1. Il faut des forces très-supérieures pour se permettre de tourner l'ennemi en même temps par les deux ailes; ce mouvement ne peut être conseillé que dans des cas très-rares.

2. Tourner une aile en détachant des troupes, suppose toujours une supériorité très-prononcée.

3. On peut, au contraire, très-facilement se jeter avec toutes ses forces sur l'une des ailes d'un ennemi supérieur; ce moyen sera toujours plus efficace qu'une simple attaque de front. Pour cela, il faut supposer que l'assaillant

a) N'ait rien à couvrir derrière lui;

b) Qu'il puisse s'ouvrir une nouvelle ligne d'opération et de retraite;

c) Que la localité permette de se maintenir en un ou plusieurs points, sur le front de l'ennemi, afin d'assurer sa propre ligne de retraite; ou bien,

d) Que le terrain occupé par l'adversaire permette une attaque dans laquelle les lignes de communication les plus courtes restent à l'assaillant.

4. On peut percer le centre de l'ennemi quand on est certain de pouvoir amener sur un point décisif plus de troupes que l'adversaire et quand ce point est situé de telle façon que, tout bien considéré, il reste à l'assail-

lant l'avantage du temps qu'il lui faut pour atteindre le but qu'il s'est proposé.

5. Lorsque le terrain le permet, la cavalerie peut, avec son artillerie, faire des détachements et des manœuvres tournantes de toutes sortes; les préceptes fondamentaux sont alors :

a) Que l'assaillant n'ait pas besoin, pour sa propre défense, de la cavalerie qu'il veut détacher;

b) Que la localité permette à la cavalerie détachée de se replier sur le corps de bataille, au besoin par des chemins détournés;

c) Que le point d'attaque désigné à la cavalerie soit tel que l'artillerie ou l'attaque à l'arme blanche puisse amener un résultat certain.

6. Les manœuvres tournantes destinées à faire battre l'ennemi en retraite, sans combat, ne peuvent être efficaces que dans le cas où l'adversaire ne trouve pas son intérêt à accepter un combat général. S'il peut et s'il veut se battre, il saisira toutes les occasions pour attaquer un ennemi dont les forces sont divisées; ce qui arrive généralement dans les manœuvres tournantes. Ce genre de mouvement ne doit être employé que dans les cas où l'on sait que l'ennemi a l'intention de se retirer, et lorsqu'on veut hâter sa retraite ou la rendre difficile.

Comme l'assaillant et le défenseur partent tous deux d'une base, et qu'ils ont leurs derrières à couvrir, chacun, dans ses dispositions, désignera, pour le cas possible d'une retraite, les points sur lesquels on devra la diriger; les mouvements d'attaque devront être combinés de manière à ce que cette retraite puisse s'effectuer.

CIRCONSTANCES DU COMBAT.

A. Emploi ménagé des forces.

1. Ce n'est que sur le champ de bataille que l'art moderne de la guerre apparaît dans toute sa force. Il a pour but d'engager l'adversaire le plus possible, en n'employant soi-même qu'un minimum de troupes;

De chercher à épuiser les forces de l'ennemi, ses réserves, par de longs combats, tout en maintenant les siennes intactes.

Si on a réussi, on l'attaque à l'endroit le plus faible, le culbute et poursuit à outrance les débris de ses troupes battues.

De cette manière on atteint d'un seul coup des résultats que les guerres précédentes n'ont pu obtenir après une durée de plusieurs années. Le point capital, dans ce genre de combat, est de ménager sagement ses forces, et de calculer ce que l'ennemi sera forcé d'en dépenser.

2. Cette sage économie des forces ne sera nuisible qu'à ceux qui ne sauront pas rester concentrés, qui feront trop de détachements, se déploieront trop tôt, formeront de trop grandes lignes de tirailleurs pour pouvoir disputer le terrain pied à pied, et qui y emploieront leurs réserves; en un mot, à ceux qui, comme il arrive souvent aux manœuvres, s'éparpillent sans plan, avant qu'il n'en soit temps, et qui, lorsque la crise

du combat éclate sur eux, n'ont plus autre chose à leur disposition qu'une troupe désordonnée de tirailleurs qu'il est impossible de manier.

3. Le fusil à aiguille répond à cette tactique moderne mieux que toute autre arme, car la vitesse de son feu exige moins de troupes, permet l'ordre profond, ménage les réserves; de plus, l'efficacité de son feu donne à son dernier choc une plus grande énergie.

Les procédés tactiques qui permettent d'économiser ses forces, comme nous venons de le dire, sont : les colonnes de compagnies dans la main du chef de bataillon, les lignes de tirailleurs d'une étendue peu considérable, mais dont le feu est rendu plus efficace par les feux modérés de leurs soutiens.

B. Influence des armes rayées.

Elle est modifiée par la nature du terrain.

1. Un terrain accidenté, couvert, empêche l'emploi de l'artillerie rayée, et réduit la portée des armes rayées à celle des armes lisses.

Le combat y restera donc dans les mêmes conditions que précédemment.

L'arme Minié n'a, dans ce terrain, aucun avantage sur les armes à canon lisse.

Le fusil à aiguille conserve la supériorité de la vitesse du feu : la proportion de 3 à 1 reste la même, mais la somme de ses effets est diminuée par la réduction des distances de combat.

Les manœuvres tournantes dont nous avons parlé plus haut et qui ont pour but d'attaquer l'ennemi sur un de ses flancs, pendant qu'avec des forces moindres on lui tient tête sur le front, offrent dans ce terrain le plus de chances de succès, parce qu'elles restent plus longtemps cachées à l'ennemi.

2. La rase campagne est le véritable élément des armes rayées; elles y atteignent l'entier développement de leur supériorité et dépassent de beaucoup les limites de la tactique qu'on a suivie jusqu'à présent. Il est urgent de lui fixer de nouvelles règles et de ne pas attendre que ce soit l'expérience pratique qui les donne, car on pourrait les payer trop cher.

La tâche de la défense est facile. On devra chercher à se couvrir le plus possible en se plaçant dans les dépressions, derrière les ondulations de terrain qu'on rencontre dans les plaines les plus unies; la cavalerie et les réserves seront placées de façon à pouvoir facilement se déployer vers les flancs.

La défense appuiera ses ailes à des batteries rayées, qui devront avoir un champ de tir d'environ 3,000 pas en avant du front et du côté des flancs; s'il est plus petit, ce sera un avantage pour l'ennemi.

Cette disposition passait autrefois pour faible, sinon pour mauvaise; aujourd'hui, par suite de l'effet des armes à feu rayées, elle est placée parmi les meilleures; elle est même préférable à toutes, parce qu'elle n'a pas de côté faible et que, par conséquent, elle ne peut pas, suivant les règles de la tactique, être facilement tournée.

Elle permet, à la fois, de voir les dispositions que l'ennemi prend pour l'attaque avant qu'il ait fait un quart de mille et de faire contre lui un feu des plus meurtriers.

Le rayon dangereux à parcourir par l'assaillant est double de ce qu'il était : si autrefois il fallait à l'infanterie un quart d'heure pour le franchir et arriver à l'ennemi, il lui faut actuellement une demi-heure; elle fait les deux tiers du chemin sous le feu des pièces rayées sans pouvoir se défendre, le tiers, sous les salves des armes rayées; encore sera-t-elle bien heureuse, si elle n'a pas affaire à des troupes armées du fusil à aiguille. L'artillerie pourrait certainement arriver plus vite, mais elle est liée aux mouvements de l'infanterie. Ce serait une faute que de lui donner sa cavalerie pour la couvrir. Pendant ce temps, la cavalerie du défenseur est aux aguets; la plaine est aussi son élément; elle peut s'y déployer avec la plus grande facilité et fondre sur les troupes ébranlées de l'adversaire. Elle se réserve ce moment, elle doit l'attendre avec une certaine assurance; c'est le moment décisif.

Si l'offensive voulait encore suivre la routine de la tactique qu'on a employée jusqu'à présent, c'est-à-dire, se déployer sur une grande ligne, s'avancer, faire des charges successives, et enfin passer à l'attaque à la baïonnette, un seul coup d'œil jeté sur l'annexe VI (p. 116 et 117) fera voir que ses pertes seraient considérables.

Une attaque ainsi faite ne peut réussir; si elle vient à manquer, comment la retraite se fera-t-elle?

Les mouvements tournants faits à la vue de l'ennemi sont tout aussi infructueux. Celui-ci les remarque immédiatement, et, comme il a été dit plus haut, les prévient facilement.

On n'a donc plus d'autre ressource que de lui faire quitter la rase campagne pour un terrain couvert, plus favorable à l'offensive, ou bien, de l'attaquer à la nuit tombante, ou pendant la nuit.

3. Les considérations faites aux numéros 1 et 2 sur les terrains couverts et la rase campagne s'appliquent aux terrains mixtes, tels que les crée le mode de culture actuel.

La défensive gardera son avantage, si elle s'entend à s'installer de façon que son adversaire soit obligé de traverser un terrain plat et découvert pour arriver à elle.

Mais en tout cas l'offensive gagnera plus d'espace pour attaquer de front et pour presser vivement les flancs de l'ennemi.

En se servant habilement de son terrain, celui qui prend l'offensive pourra, tout en restant couvert, chercher à se rapprocher de l'ennemi pour se disposer au combat; alors ses batteries non rayées et son infanterie pourront marcher à l'attaque sans s'aventurer comme il est dit au § 2 (p. 37).

En plaine, l'infanterie armée du fusil à aiguille déploiera ses tirailleurs, qui se coucheront à terre et feront un feu continu.

On emploiera avec avantage les salves modérées

contre des troupes postées à la lisière d'un bois, jusqu'à une distance de 500 à 600 pas; on exécutera ensuite le feu successif jusqu'à ce que les subdivisions serrées en masse puissent commencer l'attaque.

On opérera de même, en se servant des salves modérées, contre les villages entourés de jardins, de haies, de palissades, contre les maisons construites en terre ou en torchis.

Les salves modérées pourront, si elles sont convergentes, avoir, même à une distance de 700 pas, un effet indirect, qui ne sera pas sans importance, contre des troupes massées et mises à couvert en arrière de sillons, de petites élévations de terrain, de murs, de remblais, dans des redoutes, etc.

C. Rapports.

Le commandant ne se contentera pas d'envoyer ses ordres à ses subordonnés; il devra aussi s'assurer qu'ils sont exactement communiqués et bien compris; il faut enfin qu'il soit tenu au fait de leur exécution. Il ne peut y arriver que par des rapports continuels, qui indiquent à une minute près l'heure à laquelle ils ont été envoyés; ces rapports doivent être numérotés.

On s'expose, en omettant ce contrôle, à détruire les plans les mieux conçus; cette négligence a déjà compromis des campagnes tout entières.

Les commandants des détachements isolés, de l'avant-garde et de l'arrière-garde, etc., se trouvent particulièrement dans ce cas; sur le champ de bataille même, il est aussi du devoir de tous les chefs des corps constitués de tenir le commandant en chef constamment au courant de ce qui se passe d'important dans la sphère de leur commandement, surtout lorsque, poussés ou forcés par les circonstances, ils sont obligés de s'écarter des instructions ou des ordres qu'ils ont reçus.

Beaucoup de ces rapports devront être faits verbalement; s'ils sont importants, ils seront communiqués en double. On emploiera de préférence à ce service les adjudants et les officiers d'ordonnance.

VI. CONDUITE DE L'AVANT-GARDE.

Son but.

Le but de l'avant-garde est de frayer la route au corps de bataille qui la suit, de dissimuler et d'assurer sa marche, de reconnaître celle de l'ennemi, et, si les circonstances l'exigent, de l'arrêter jusqu'à ce que le commandant en chef ait pris ses mesures.

Sa force et sa composition.

L'avant-garde peut avoir à prendre l'offensive tout aussi bien que la défensive; il faut donc qu'elle ait une certaine indépendance tactique, et qu'elle soit composée des différentes armes.

Sa composition varie suivant le terrain et les circonstances; sa force est généralement comprise entre le sixième et le quart de l'effectif.

Distance du corps de bataille.

La distance de l'avant-garde au corps de bataille est variable. Trop rapprochée, elle met en danger la troupe qu'elle est chargée de couvrir ; trop éloignée, elle s'expose. Ces deux dangers croissent ou diminuent, selon le terrain et les forces de l'ennemi. Son chef devra savoir se tenir dans une juste limite.

Pour bien remplir sa tâche, le commandant de l'avant-garde devra porter son attention sur les quatre points suivants :

1° Assurer sa marche ;

2° Se procurer promptement des nouvelles de l'ennemi ;

3° Connaître le terrain et savoir en tirer parti ;

4° Prendre de bonnes dispositions, s'il vient à rencontrer l'ennemi.

Mesures à prendre pour assurer la marche.

1. Ces mesures de sûreté consistent en une chaîne de patrouilles, avec leurs soutiens, qui couvre le front et les flancs de l'avant-garde. Le front de l'avant-garde sera suffisamment étendu pour couvrir la largeur du corps de bataille qui la suit ; ses flancs seront assez longs pour rendre sûr l'espace compris entre le corps et l'avant-garde.

L'espèce de troupes qui doit faire ce service varie selon le terrain. Dans un pays couvert, on en augmente le nombre et on les place plus en arrière. Ces patrouilles sont, pour ainsi dire, des grand'gardes mobiles; elles reconnaissent le terrain pendant le mouvement, sans, pour cela, perdre leurs distances, leurs communications, leur temps, et rendent compte de tout ce qui leur paraît suspect. S'il y a danger à demeure, elles font feu.

Se procurer promptement des nouvelles de l'ennemi.

2. Ces patrouilles, que leur composition prive de toute initiative, ne suffisent pas pour se procurer des nouvelles de l'ennemi.

Elles peuvent bien garantir des embuscades et des surprises; mais pour pénétrer à propos les dispositions de l'ennemi, il faut une autre manière d'opérer et des organes plus actifs et plus intelligents. Il s'agit de deviner d'un coup d'œil rapide les forces, la composition, la direction de la marche, les intentions de l'ennemi; de mesurer exactement les distances, de calculer le temps nécessaire pour les franchir, les dangers qui en résultent, et d'en faire un rapport circonstancié. Cette mission est au-dessus des moyens du simple soldat et du sous-officier; il serait même dangereux de la leur confier.

Elle ne pourra et ne devra être remplie que par d'habiles officiers de cavalerie bien montés et accompagnés de bonnes ordonnances.

Ils sont les yeux du général en chef: le sort de toute une opération dépend de leurs rapports; on ne saurait donc assez donner de soins à cette partie du service et à son organisation.

Les officiers, en nombre suffisant, s'arrêtent à la

pointe de l'avant-garde ; ils se mettent à la disposition d'un officier d'état-major chargé spécialement d'éclairer le terrain et de reconnaître l'ennemi. Cet officier leur distribue leur tâche d'après les exigences de la localité.

Ils remettent leurs rapports à cet officier d'état-major ; celui-ci les réunit et les compare, afin de se prémunir contre les nouvelles à la tartare. S'il en arrive de pareilles, — et elles ne manqueront pas, — elles seront vérifiées par chacun de ces officiers.

L'officier d'état-major fait connaître les circonstances importantes au commandant de l'avant-garde, qui les communique aux officiers intéressés à les savoir.

Reconnaissance du terrain.

3. Il n'est pas moins important de reconnaître le terrain, d'en étudier les routes, ainsi que le parti qu'on pourrait en tirer dans le combat.

C'est aussi l'officier d'état-major placé à la tête, qui est chargé de s'assurer si les routes sont praticables. Un détachement de pionniers est attaché à la tête de l'avant-garde pour rétablir les communications. Le chef de ce détachement indique et dirige les travaux à exécuter ; il s'arrange de manière à ce qu'une moitié marche pendant que l'autre travaille ; on y adjoint au besoin de l'infanterie.

Le commandant de l'avant-garde devra lui-même, aidé de son état-major, s'orienter sur le terrain.

Il devra constamment s'attendre à une attaque de l'ennemi, à voir son avant-garde refoulée.

Il remarquera tous les points qui, dans sa retraite, pourraient lui être dangereux ou utiles, tels que ponts, défilés, cours d'eau, bois, etc.; il reconnaîtra exactement toutes les positions où il pourrait s'arrêter un certain temps et celles où le corps de bataille pourrait combattre l'ennemi.

Il devra surtout avoir arrêté d'avance et toujours présents à l'esprit l'emploi des troupes dans ces positions, les points où il appuiera ses ailes, les facilités qu'il aura pour s'y rendre, etc., afin de toujours être en mesure, au cas échéant, de prendre ses dispositions et de venir en aide au commandant en chef.

Conduite de l'avant-garde en cas de rencontre
avec l'ennemi.

4. Lorsque l'avant-garde rencontre l'ennemi, elle doit (si elle n'y a pas déjà réussi par les moyens indiqués au § 2) se rendre compte de ce qu'elle a devant elle : si ce sont des éclaireurs, des détachements de flanqueurs d'un corps plus considérable ou plus faible, exécutant une marche offensive, ou s'ils se trouvent dans une position défensive, sur quelles routes, à quelle distance, etc., afin de pouvoir prendre, d'après ces renseignements, les mesures nécessaires. On ne dispose pas de beaucoup de temps; les dispositions devront donc être préparées d'avance et prises rapidement. La manière la plus simple d'avoir de prompts renseignements est de faire des prisonniers, par exemple, en coupant au premier choc des détachements ennemis.

Si l'on n'y réussit pas, il faut pousser en avant de plus forts détachements habilement dirigés. Les officiers de cavalerie cités au § 2 sont les plus propres à ce service. Pendant ce temps, l'avant-garde s'avance en échelons, et, dans cet ordre, qui est le meilleur, elle continue de chercher à reconnaître l'ennemi sans se compromettre sérieusement.

Si le commandant de l'avant-garde est convaincu qu'il ne peut poursuivre sa marche, il prend ses dispositions d'après les notes que, conformément au § 3, il aura dû prendre sur le terrain, et attend les ordres ultérieurs du général en chef.

Si celui-ci veut livrer bataille dans la position prise par le commandant de l'avant-garde, ou dans une position qu'il aura choisie lui-même plus en arrière (voir le § 3), l'avant-garde devra lui préparer le champ de bataille, c'est-à-dire, occuper devant l'ennemi, principalement sur le front, tous les points importants, tels que les fermes, les bois, et s'y maintenir jusqu'à l'arrivée du corps de bataille.

Le fusil à aiguille, placé bien à couvert et ayant devant lui une plaine découverte, peut être d'une grande utilité, s'il est approvisionné d'un assez grand nombre de cartouches.

Pour que l'avant-garde et le corps de bataille soient en sûreté, il est indispensable qu'il y ait entre eux un système de communication prompt et sûr pour transmettre les rapports et les ordres.

VII. CONDUITE DE L'ARRIÈRE-GARDE.

L'arrière-garde est destinée à couvrir et à assurer la retraite de l'armée.

Elle doit, à cet effet, avoir une certaine force et une certaine indépendance. Sa composition en différentes armes se règle sur la nature du terrain.

Elle devra, en général, prendre, pendant la marche, les mêmes mesures de précaution que l'avant-garde, mais dans un ordre inverse.

Il en est de même pour sa distance de l'armée : son chef ne doit ni se laisser rejeter sur l'armée, ni s'en laisser couper.

Sa tâche est d'autant plus difficile qu'il est poussé de plus près par l'ennemi après un combat malheureux. Pour la remplir, il faut connaître parfaitement le terrain et savoir conduire adroitement le combat.

Le commandant de l'arrière-garde doit savoir s'arrêter, marcher, disparaître à propos.

S'il tombe dans la faute, que l'on ne commet que trop souvent, de vouloir défendre chaque pouce de terrain, il perdra du temps, sera arrêté sur son front, ses flancs seront entourés; si, au contraire, il sait se dérober à propos à la vue de l'ennemi pour se faire rechercher et retrouver dans de fortes positions qui lui permettent de tenir tête pendant des heures entières, il gagnera du temps et restera maître de sa troupe.

Les officiers d'état-major, accompagnés des ordonnances nécessaires, prennent les devants pour reconnaître ces positions et assigner aux troupes qui les suivent celles qu'elles devront occuper.

Quand il y a des défilés à passer, par exemple, des ponts, les réserves formeront, sur la rive ennemie, dans une position aussi forte que possible, une tête de pont assez spacieuse pour que les troupes qui suivent puissent, sous sa protection, le traverser sans danger.

Les troupes qui ont franchi le pont occupent la rive opposée pour accueillir de nouveau les réserves.

Les pionniers préparent la destruction du pont et l'accomplissent aussitôt que le dernier homme l'a traversé, etc.

Les digues et les chaussées qui traversent les marécages demandent un procédé analogue à celui qu'on emploie pour les ponts.

Si la route traverse des bois qui ne sont praticables qu'à l'infanterie, la cavalerie et l'artillerie se retirent pendant que l'infanterie se poste à la lisière, puis celle-ci bat en retraite en profitant du terrain couvert pour se mettre à l'abri.

Les localités que l'artillerie et la cavalerie ne peuvent pas tourner, sont passées de la même manière. Dans certains cas, il est avantageux de les incendier pour assurer la retraite de l'arrière-garde.

Le général en chef doit toujours être tenu au courant de la situation de l'arrière-garde, afin de pouvoir lui porter secours en cas de nécessité.

VIII. LE COMMANDANT DE LA CAVALERIE.

L'ordre, la mobilité, la force et la vitesse sont les caractères essentiels d'une bonne cavalerie. Un prompt jugement de la situation, une vive initiative, une rapide et audacieuse exécution, telles sont les qualités qu'il faut pour la conduire. Son chef doit être d'un esprit entreprenant; il doit, pour ainsi dire, brûler du désir d'agir, avoir la liberté d'entreprendre, et chercher à la saisir s'il ne la possède pas. Il manquera constamment l'occasion favorable, s'il fait des rapports, des demandes, s'il provoque des ordres pour sa conduite, en un mot, s'il attend des autres ce qu'il doit voir et décider de lui-même.

L'infanterie, en ligne ou en colonnes ébranlées, l'artillerie, lorsqu'elle ôte ou qu'elle amène les avant-trains, la cavalerie, lorsqu'elle se déploie ou qu'elle présente le flanc, sont le point de mire de ses attaques et sa proie certaine s'il peut les surprendre; il ne s'agit que de saisir le moment favorable.

Pour épier ces occasions favorables, le commandant de la cavalerie ne devra pas être toujours sabre au poing, ni continuellement en mouvement; il devra s'arrêter à des points convenablement choisis, parce qu'en galopant toujours, on voit et on observe moins. Il fait transmettre ses dispositions pour l'attaque par des adjudants; lui-même ne bouge pas, car l'occasion favorable pourrait se perdre, s'il tournait le dos. Ses regards doivent, outre les mouvements de la cavalerie ennemie, suivre constamment la marche de la manœuvre pour ne pas voir seulement les côtés faibles et les embarras de l'adversaire, quand ils sont bien prononcés, mais encore pour les deviner.

C'est alors seulement qu'il trouvera l'occasion de se précipiter sur l'ennemi, de le surprendre avec des forces et un front suffisants dans le terrain le plus favorable, et qu'il pourra discerner avec justesse le point important, c'est-à-dire, ne pas négliger les grands succès, pour en poursuivre de petits, ne pas mettre hors de combat des compagnies, quand il pourra décider de la bataille.

Il emploiera des officiers spéciaux pour l'informer à temps si le terrain est praticable, et pour le tenir au fait des forces et de la position de l'ennemi.

Il est chargé surtout d'éclairer le champ de bataille; dans certaines circonstances il devra se battre pour atteindre ce résultat.

Les mouvements tournants qu'entreprend l'ennemi ne doivent pas lui échapper un instant; car c'est au moyen de la cavalerie qu'il est le plus facile d'arrêter ou de détourner le danger; dans les circonstances pressantes il le fera sous sa propre responsabilité. La dissémination des forces est toujours une faute; elle compromet les résultats. S'il a la supériorité numérique de son côté et que l'ennemi se hasarde dans la plaine, il ne manquera pas de chasser la cavalerie du champ de bataille, et de tomber ensuite, de concert avec son artillerie à cheval, sur les flancs et les derrières de l'infanterie.

La cavalerie attaque toujours en ligne, mais manœuvre toujours en colonne. Un déploiement prématuré est une grande faute; les lignes étendues sont difficiles à couvrir, compromettent les surprises, et servent de point de mire à l'artillerie ennemie.

Plus lourdes dans leurs mouvements, elles perdent du temps, il se produit du flottement, des ouvertures, et enfin, elles s'écartent complétement de la direction.

La colonne est la seule formation qui permette d'at teindre avec sûreté et rapidité le point d'où l'attaque doit partir[1]. Elle peut profiter du terrain pour se cacher à la vue et au feu de l'ennemi, tourner plus facilement les obstacles et être en position avant que l'ennemi ne s'en doute. Alors elle se déploie rapidement, en prenant devant elle une carrière de 800 à 1,000 pas; la seconde ligne en colonne, débordant l'une des ailes, afin de pouvoir assaillir en flanc, avec un front oblique, l'ennemi qui poursuivrait la première, dans le cas où celle-ci aurait été battue.

Si l'on en a le temps, l'artillerie à cheval prépare l'attaque; mais il ne faudra jamais négliger le moment favorable pour se donner la satisfaction d'une canonnade.

Il est une glorieuse tradition, que chacun doit chercher à maintenir, c'est que la cavalerie n'attend jamais

---

1. Ce point est situé sur les flancs de la cavalerie ennemie. Il est difficile de bien choisir la direction au moment opportun; on devra continuellement s'y exercer. Cet exercice ne demande pas qu'on fasse des manœuvres; il peut se faire sur le terrain d'exercice habituel.

une attaque de pied ferme, mais qu'elle va au-devant de cette attaque, même quand elle est inférieure en nombre.

IX. DU SERVICE DES AVANT-POSTES.

§ 1.

De l'emploi des différentes armes pour le service des avant-postes.

Les avant-postes constituent une partie de l'avant-garde ou de l'arrière-garde et sont, suivant les circonstances et le terrain, composés d'une seule ou de plusieurs armes.

La cavalerie est propre à parcourir facilement un terrain découvert; on s'en sert particulièrement pour observer pendant le jour ces sortes de terrains.

L'infanterie convient mieux pour le service de nuit et dans un terrain dangereux pour la cavalerie ou qui est impraticable pour cette dernière.

Par le brouillard et les nuits claires, mais toujours suivant la nature du terrain, les deux armes réunies pourront concourir à ce service. La cavalerie doit observer et reconnaître au loin; l'infanterie, fouiller avec soin les positions fermées qui sont plus en arrière.

L'artillerie est spécialement jointe aux avant-postes chargés de se maintenir en des points déterminés, tels que défilés, passages, etc., et d'intercepter les cours d'eau.

§ 2.

But des avant-postes.

Les avant-postes ont pour but :

1° D'assurer contre les surprises les troupes campées derrière eux ;

2° De toujours connaître les positions et les entreprises de l'ennemi.

On remplit la première de ces conditions au moyen de positions avancées et reliées entre elles, et par l'occupation ou même, éventuellement, la mise en état de défense des portions de terrains accessibles à l'ennemi.

On remplit la dernière au moyen de grandes et de petites reconnaissances (patrouilles).

§ 3.

Composition des avant-postes.

Les avant-postes sont divisés en plusieurs parties :

1° Les grand'gardes avec leurs subdivisions :

> Postes détachés,
>
> Chaîne de sentinelles,
>
> Patrouilles ;

2° Les replis, les piquets,

3° Le gros des avant-postes.

Ces trois parties sont sous le commandement direct du chef des avant-postes et ne reçoivent d'ordres que de lui.

§ 4.

Du commandant des avant-postes.

Le commandant des avant-postes prend le commandement indépendant des troupes désignées pour le service des avant-postes. Si le terrain est étendu, on peut nommer plusieurs chefs d'avant-postes pour divers rayons. Ils agissent alors indépendamment l'un de l'autre, mais en combinant leur tâche mutuelle. Le commandant des avant-postes prend ses dispositions conformément aux instructions qu'il a reçues; il choisit, si on ne les lui a pas déterminées, les lignes que doivent occuper les avant-postes de jour et de nuit, et détermine le nombre des grand'gardes[1], des piquets et des replis à placer.

Il donne l'ensemble de ces dispositions aux chefs des différents postes, et leur fait occuper, avec les précautions nécessaires, les positions qu'il leur a désignées,

---

1. Il n'est pas bon d'assigner aux grand'gardes des rayons trop étendus; le service serait plus difficile et la sûreté moins grande. Il ne faut cependant pas qu'elles soient trop faibles. Dans la plupart des cas 30 à 40 hommes suffiront. Voici à peu près leur composition :

	Hommes.	Hommes.
3 à 4 sentinelles doubles	18	24
Sentinelles devant les armes. .	3	3
Patrouilleurs	8	10
Sous-officiers	2	3
Tambour ou clairon	1	1
Totaux	32	41

Les grand'gardes de cavalerie peuvent se suffire avec moins de patrouilleurs.

et qui devront être reliées l'une à l'autre. Un rideau de patrouilles, ou même de petites reconnaissances[1], dérobera autant que possible tous ces mouvements à l'ennemi.

Si un combat a eu lieu et qu'à la fin de ce combat on veuille établir des avant-postes, on le fera sous la protection des troupes qui se trouvent devant l'ennemi; elles resteront préparées au combat et observeront les mouvements de l'adversaire pour masquer l'établissement de la ligne des avant-postes. Elles ne se retireront que lorsqu'il sera terminé; l'officier qui les commande s'entendra à cet effet avec le chef des avant-postes.

Quand les différentes parties de la ligne des avant-postes ont pris leurs positions, le commandant les examine en détail, communique aux différentes subdivisions les instructions plus spéciales sur la conduite qu'elles ont à tenir, change, augmente ou diminue leur force quand il le juge nécessaire et désigne les positions plus rapprochées qu'on doit prendre à la nuit. Il veille personnellement à ce que ses ordres donnés pour la nuit soient strictement exécutés. Il se tient, au moyen de rapports et par l'intermédiaire d'ordonnances, en relations continues avec les différentes subdivisions, et sait ainsi ce qui se passe chez l'ennemi. S'il n'a pas de renseignements ou s'il n'en a que d'inexacts, il enverra, surtout au petit jour, de plus fortes patrouilles ou des reconnaissances pour se procurer des données plus précises. Afin d'éviter des alarmes inutiles, les

---

1. On les fera faire de préférence par des hommes appartenant au gros, parce qu'il leur sera plus facile de se retrouver.

troupes placées en arrière devront être prévenues de ces reconnaissances; le commandant des avant-postes leur fera aussi communiquer les renseignements importants qu'il recevra sur l'ennemi. Pendant la nuit, sa place est au gros des avant-postes.

§ 5.

Service des grand'gardes.

De l'officier de grand'garde.

a. Placement des sentinelles.

L'officier de grand'garde se rend avec les précautions nécessaires dans la partie de terrain qui lui est assignée, et pose les sentinelles sous la protection de patrouilles. Cette opération doit se faire avec un coup d'œil militaire, sans perdre de temps au milieu de mesquines incertitudes. On peut, plus tard, après des reconnaissances attentives, faire les changements convenables.

Pour placer les sentinelles, il faut, en général, observer ce qui suit :

1. Se relier aux gardes les plus rapprochées.

2. Les sentinelles doivent apercevoir, aussi bien que possible, tout ce qui se passe du côté de l'ennemi.

3. Elles doivent être dérobées à l'ennemi; il sera avantageux, au contraire, qu'elles puissent être vues des soutiens de la grand'garde. On y arrivera au moyen de sentinelles d'avertissement.

4. Les routes et les passages seront bien observés, surtout la nuit.

5. Il faut ménager ses forces le plus possible ; pour y arriver, on cherchera à profiter adroitement du terrain, et à raccourcir les lignes en faisant entrer dans leur établissement des endroits impraticables.

6. On établira assez de sentinelles pour qu'aucune personne venant du côté de l'ennemi ne puisse s'approcher de la ligne des postes ou la traverser sans être arrêtée.

b. De la troupe d'examen.

On ne passe la ligne des sentinelles que par les chemins qui la traversent. A ces points se trouve une sentinelle double faisant partie de la chaîne des sentinelles, et en arrière, la troupe d'examen composée des hommes qui doivent relever les sentinelles (4 hommes) et commandée par un sous-officier intelligent. Celui-ci examine et reconnaît tout ce qui veut traverser la ligne, soit pour entrer, soit pour sortir ; il accorde ou refuse le passage d'après les instructions qu'il a reçues de l'officier de garde et dans le sens des ordres donnés par le commandant des avant-postes.

c. Du poste détaché de sous-officier.

Des circonstances particulières, la nature du terrain peuvent faire que le chef de la garde soit dans la nécessité d'occuper un point situé en avant de la ligne des sentinelles. On détache, à cet effet, sous les ordres d'un sous-officier, un poste qui s'installe comme une grand'-garde ou prend position comme une patrouille fixe, c'est-à-dire que, tout en se maintenant au point désigné, il assure sa position au moyen de petits postes mobiles (patrouilles).

d. Du poste de sous-officier.

Pour empêcher que les sentinelles éloignées ne soient inquiétées et attaquées par les patrouilles ennemies, pour leur donner de l'assurance, on établira en arrière d'elles un petit poste composé des hommes destinés à fournir ces sentinelles et renforcé au besoin de 2 à 3 patrouilleurs. Ce poste sera commandé par un sous-officier et installé dans une position convenable.

e. Des soutiens de la grand'garde.

Lorsque les sentinelles sont placées, l'officier de grand'garde établit ses soutiens pour l'infanterie à environ 400 pas et pour la cavalerie à 1,200 pas derrière le centre de ses avant-postes; le lieu choisi doit être aussi caché que possible et propre à la défensive. Il place une sentinelle devant les armes, et partage les soutiens en sections (pour relever les factionnaires) et en patrouilles. Les instructions générales qu'il donne se résument à peu près dans les points suivants :

1. Ne pas rendre d'honneurs ni crier aux armes, mais, sur un léger avertissement, se rendre promptement aux faisceaux ;

2. Point de bruit ; le plus de silence possible ;

3. Personne ne doit s'éloigner sans permission ;

4. Si l'on peut faire du feu et en quels endroits ;

5. S'il est permis de fumer;

6. De jour, pendant qu'une partie de la troupe se repose, l'autre est sur pied; on ne fait manger et boire les chevaux que successivement et par fractions;

7. Pendant la nuit, tout le monde est sur pied;

8. On n'ôtera pas le paquetage pendant la nuit.

L'officier fait ensuite former les faisceaux et connaître à la chaîne des sentinelles, ainsi qu'aux gardes voisines, la position de ses soutiens; il fait retirer les patrouilles de sûreté, et rend compte au commandant des avant-postes, par écrit, s'il est possible, des dispositions qu'il a prises; il joindra à son rapport une esquisse au crayon.

L'officier pendant la garde.

L'officier se présente à tout supérieur qui arrive auprès du soutien. Son premier soin doit être de se procurer des nouvelles de l'ennemi. Il le fait au moyen de patrouilles, et rend compte au commandant des avant-postes de tout ce qui se passe d'important. Son rapport, fait par écrit, devra être transmis le plus promptement possible[1] et indiquer l'heure, à la minute près. En cas de danger, il avertit directement les grand'gardes voisines et les piquets qui en dépendent.

C'est à son contrôle et à sa vigilance personnelle qu'est confiée la mission d'examiner tout ce qui veut

---

1. Sans ordonnances de cavalerie connaissant bien le terrain, les grand'gardes d'infanterie ne donnent au camp qu'une demi-sécurité; la vigilance seule ne garantit pas la sécurité; le temps y a sa bonne part.

traverser la ligne des avant-postes et de surveiller les troupes d'examen, en se conformant aux ordres qu'il a reçus à cet égard du commandant des avant-postes.

Pendant la nuit, il se tient toujours auprès de son soutien. De jour, il ne doit pas se contenter de parcourir le rayon de sa grand'garde; il s'orientera dans toutes les directions et examinera par lui-même le terrain et les communications, afin de pouvoir donner ses instructions aux sentinelles, aux patrouilles et prendre ses dispositions pour les éventualités possibles, surtout dans la nuit.

Il est bon, par exemple, de changer, à la nuit, la position des soutiens, de les éloigner des routes et de les mettre à l'abri de toute surprise ; on les placera dans des maisons ou dans des fermes; on posera des sentinelles aux endroits où le terrain peut présenter du danger, etc. Ces dispositions devront être décidées et arrêtées de jour ; il serait impossible de les prendre de nuit; de plus, on occasionnerait du désordre.

En général, l'officier de grand'garde partira de ce principe qu'un système de patrouilles bien entendu contribuera plus à sa sûreté qu'une chaîne de sentinelles, et qu'il doit veiller à ce que les patrouilleurs, qui seront autant que possible les mêmes pour le même terrain, s'orientent de leur mieux pendant le jour.

Une patrouille devra toujours se tenir près de son soutien pour les cas pressants. Dès qu'elle entend un coup de feu dans la chaîne des sentinelles, elle s'y rend en toute hâte pour voir et rapporter ce qui s'y passe.

En cas d'attaque de la part de l'ennemi, l'officier de grand'garde agira promptement et avec décision.

Il devra, en règle générale, gagner du temps pour les troupes campées en arrière, c'est-à-dire résister aussi longtemps que possible en s'appuyant sur les piquets et le gros. Pendant la nuit, il fera bien d'avoir toujours ses forces réunies; il ne tirera que pour donner l'alarme et combattra à la baïonnette : dans l'obscurité la fusillade est sans effet.

Conduite de la chaîne des sentinelles.

La chaîne des sentinelles est formée de sentinelles doubles qui, de même que les grand'gardes, sont toujours numérotées de la droite à la gauche. Elles ont le sac au dos. Il n'est point rendu d'honneurs; l'arrivée d'un supérieur, quel qu'il soit, ne doit pas les détourner de leur vigilance et de leurs fonctions. Elles ne lui font aucun rapport, mais elles répondent à ses questions.

La chaîne des sentinelles devant être aussi cachée que possible à l'ennemi, on n'y permettra aucun bruit, ni aucun mouvement inutile. A l'exception de leurs chefs et de ceux qui les accompagneront, personne ne doit s'y arrêter. Il est expressément interdit de dépasser, soit pour entrer, soit pour sortir, la ligne des avant-postes en d'autres endroits qu'aux chemins qui la traversent. De jour et de nuit, les sentinelles arrêteront, par le cri de *halte*, ceux qui enfreindront cet ordre, et leur feront rebrousser chemin; la sentinelle placée sur la route les arrêtera de même par le cri de *halte*, et appellera la troupe d'examen, qui procédera comme il a été indiqué plus haut.

On fera feu sur les personnes qui ne s'arrêteront pas au cri de *halte*, et, en général, sur tous ceux qui ne tiendront pas compte des sommations des sentinelles.

Les hommes relevant les sentinelles et les patrouilles qui en longent la chaîne marchent en dedans de la ligne, afin de ne pas être vus du dehors. Pendant le jour, les sentinelles, pouvant les reconnaître facilement, n'auront pas besoin de les arrêter. De nuit, un homme s'approchera de la sentinelle et se fera reconnaître au moyen d'un signal. Les sentinelles commanderont *halte* à voix basse et se feront donner, de la même manière, le mot d'ordre et de ralliement.

On relève ensuite les sentinelles ; la consigne est communiquée exactement, en présence du sous-officier de pose. Le reste de la troupe attend derrière la chaîne, et dans le plus profond silence, les hommes relevés de faction.

Une des deux sentinelles se détache pour rendre compte à la grand'garde de tout ce qu'elles remarqueront du côté de l'ennemi ; si le danger est pressant, elles tirent un coup de fusil.

Conduite de la sentinelle placée devant les armes.

La sentinelle placée devant les armes ne rend pas d'honneurs et ne fait pas sortir le poste. Les instructions qu'elle reçoit embrassent des mesures de police et de sûreté ; comme elles devront être réglées sur l'heure, la localité et les autres circonstances qui peuvent se présenter, elles seront très-diverses et ne pourront lui être données que sur les lieux mêmes par le chef du poste, sous le contrôle duquel elle se trouve d'ailleurs placée.

Conduite des patrouilles.

1. Patrouilles volantes.

Les patrouilles volantes, fortes de 2 à 3 hommes, sont envoyées en avant de la chaîne des sentinelles, du côté de l'ennemi, pour avoir de ses nouvelles et reconnaître le terrain.

Elles garantissent à la grand'garde une plus grande sécurité, en supposant toutefois que leur marche soit bien réglée sur le temps et la localité et qu'on ait très-soigneusement choisi les hommes à qui l'on a confié cet important service.

Les qualités indispensables pour faire de bons patrouilleurs sont : le talent de s'orienter promptement dans un terrain inconnu, une ardeur infatigable qu'engendre seul le goût pour ce service, de la présence d'esprit et assez d'adresse pour savoir se tirer d'affaire au moment du danger.

Avant leur départ, les patrouilles reçoivent les instructions du commandant de la garde; aussitôt rentrées, elles lui font leur rapport.

Elles marchent lentement, avec précaution et sans bruit, s'arrêtent souvent pour écouter et pour reconnaître le terrain, afin de pouvoir en rendre compte, et, au besoin, servir de guides. Elles évitent tout combat, et ne se laissent ni couper, ni prendre.

On doit, en général, leur fixer l'heure de la rentrée; il leur est défendu de s'éloigner à plus d'un quart de mille de la chaîne des sentinelles, à moins de cas exceptionnels ou d'ordres particuliers.

2. Patrouilles de ronde.

Les patrouilles de ronde, composées de deux hommes, longent de temps en temps la chaîne des sentinelles, et vont jusqu'aux postes voisins; elles surveillent les sentinelles, et s'assurent qu'elles sont à leur place.

C'est entre les heures de relevée, qu'il est le plus opportun de les envoyer, parce que les sentinelles sont déjà contrôlées au moment où elles sont relevées.

3. Grandes patrouilles.

Les grandes patrouilles ont pour but d'arrêter les patrouilles volantes de l'ennemi ou même de déloger ses sentinelles, pour voir, en quelque sorte par force, derrière le rideau qu'elles forment. Si la ruse ne suffit pas, elles pourront, par conséquent, devenir offensives. Malgré cela, elles avanceront avec la même circonspection que les patrouilles volantes, afin de surprendre, s'il est possible, et de ne pas être surprises ou de ne pas tomber dans une embuscade. Si la grand'garde n'est pas assez nombreuse pour fournir ces patrouilles, on prendra des hommes du piquet. Le commandant de la grand'garde, qui peut le mieux juger des circonstances, leur donne des instructions spéciales; elles lui rendent compte de leur mission, lorsqu'elles sont rentrées.

La grand'garde montante.

Elle se met en marche avant le jour, observe le silence et les mesures de sûreté nécessaires. Elle se forme en bataille à côté de la grand'garde descendante; les sentinelles sont placées pour le service de jour par les commandants des deux gardes; le chef de la garde montante se fait donner tous les renseignements qu'il lui importe d'avoir. Les patrouilles de la garde descendante, réunies à celles de la nouvelle garde, s'avancent pendant ce temps contre l'ennemi, pour assurer cette opération et éviter les pertes de temps.

Il est prudent d'indiquer à l'avance aux grand'gardes l'heure à laquelle on les relèvera, et de leur faire connaître le nom de l'officier et des troupes qui les remplaceront.

§ 6.

Replis, piquets.

Ils sont destinés à protéger et à recueillir les grand'gardes; ils n'en devront donc pas être trop éloignés; ils seront placés à couvert, et, s'il est possible, à des embranchements de routes.

Les piquets ne sont montés que la nuit, ou le jour et la nuit, selon le terrain et les circonstances.

Ils placent une sentinelle devant les armes; leurs mesures de sûreté, réglées sur la nature des lieux et le moment de la journée, consistent en sentinelles d'avertissement, placées à des endroits convenables. L'officier qui les commande, entretient avec le gros des avant-postes et les grand'gardes placées en avant des rapports continuels au moyen de patrouilles; il convient, avec les commandants des grand'gardes dont il dépend, des mesures à prendre pour les soutenir en cas d'attaque de l'ennemi.

Il devra prendre pour règle dans son rayon ce qui a été dit plus haut sur la conduite du commandant de la grand'garde pour les instructions à donner aux soutiens, les rapports à faire, l'orientation sur le terrain.

§ 7.

Le gros des avant-postes.

Le gros des avant-postes est sous le commandement spécial du commandant des avant-postes; il est placé de manière à pouvoir, d'après sa composition en différentes armes, se déployer dans toutes les directions.

Il s'entoure, pour sa sûreté, d'une garde du camp et d'un piquet d'incendie.

L'infanterie forme les faisceaux, pose les sacs près des armes, conserve la cartouchière et le fourniment.

La cavalerie et l'artillerie ne dessellent et ne détellent point.

On fait la soupe, on fait manger et boire les chevaux pendant le jour. Lorsque la grand'garde donne un signal d'alarme, le gros des avant-postes prend les armes ou monte à cheval.

Dans les attaques imprévues, le gros s'oppose à l'ennemi ou l'attaque sur les flancs.

Il est de principe, pour tout ce qui compose les avant-postes, que les plus petits doivent toujours se sacrifier pour les plus grands.

X. BIVOUACS.

On occupe les bivouacs, lorsqu'on doit garder ses troupes réunies; ainsi, dans le voisinage de l'ennemi, ou quand on veut se battre, ou quand on peut, à chaque instant, être engagé dans un combat.

On ne bivouaque jamais sur la position qu'on a choisie pour livrer bataille; on se place en arrière, assez près pour qu'on puisse l'occuper en peu de temps et avant l'ennemi.

Il faut qu'il existe entre le bivouac et cette position des communications faciles et suffisantes, ou qu'on en crée; on prendra les mêmes précautions sur les derrières pour le cas d'une retraite.

On campera autant que possible en ordre de bataille; c'est le moyen de se retrouver le plus facilement si l'on vient à être surpris ou si l'on est forcé de lever le camp pendant la nuit.

Il faut, en outre, considérer, dans le choix de l'emplacement du bivouac, la commodité et la santé des troupes; on établira donc les bivouacs dans un terrain sec, abrité contre le vent, à proximité de l'eau, des routes et des habitations.

MANIÈRE DE CAMPER.

A. Infanterie.

Entrée au bivouac.

L'infanterie bivouaque toujours en colonne sur le centre.

Aussitôt que les bataillons s'approchent de l'endroit où ils doivent bivouaquer, ils prennent le pas et se forment en colonne sur l'emplacement même du bivouac.

Cela étant exécuté, le chef de bataillon commande :

Garde du camp et garde d'incendie, en avant !

et aussitôt après :

Bataillon, reposez-vous sur vos armes.

Au premier commandement, les hommes commandés de garde se portent par compagnie à 30 pas en avant, la garde d'incendie derrière la garde du camp; chacune est formée sur deux rangs. L'adjudant du bataillon commande aux gardes :

A gauche et à droite = Marche !

et lorsqu'elles sont devant le centre du bataillon :

Halte = Front !

Quand la garde est formée, l'officier de la garde du camp commande :

Garde d'incendie = Demi-tour !

puis aux deux gardes :

Marche !

Dès que les gardes se mettent en marche, les pelotons prennent en arrière deux tiers de distance; le chef de bataillon commande ensuite :

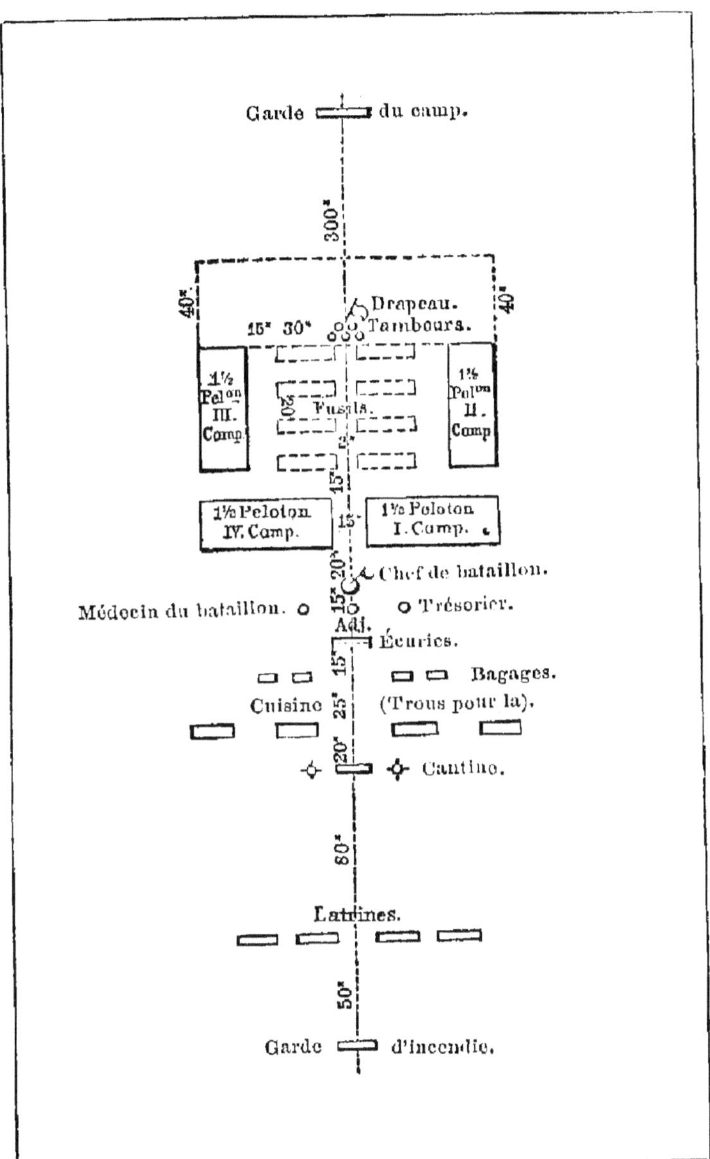
Garde du camp.
300ᵐ
40ᵐ
40ᵐ
Drapeau.
Tambours.
15ˣ 30ˣ
1½ Pelᵒⁿ III. Comp.
1½ Pelᵒⁿ II. Comp.
20ˣ
Fusils.
15ˣ
1½ Peloton IV. Comp.
1½ Peloton I. Comp.
15ˣ
20ˣ
Chef de bataillon.
Médecin du bataillon.
Trésorier.
15ˣ
Adj.
Écuries.
Bagages.
(Trous pour la).
Cuisine
25ˣ
20ˣ
Cantine.
80ˣ
Latrines.
50ˣ
Garde d'incendie.

Bataillon, par le flanc droit et le flanc gauche.

À ce commandement, les compagnies se placent de la manière indiquée sur le dessin, mettent sac à terre et se replacent devant les armes, où les ordres leur sont communiqués.

Le drapeau et les tambours sont placés devant le centre des faisceaux dès qu'ils sont formés.

Les officiers bivouaquent à leurs places de colonne.

Lorsque plusieurs bataillons bivouaquent ensemble, ils sont séparés par un intervalle de 12 pas; les régiments le sont par un intervalle de 24 pas.

Si l'on doit bivouaquer sur plusieurs lignes, ce qui n'arrive que lorsqu'on peut le faire sans inconvénients pour la troupe, la distance entre les lignes se détermine d'après le terrain.

En plaine, elle est de 150 pas des cuisines de la première ligne aux faisceaux de la seconde.

On commande par régiment un officier supérieur de service de jour, un capitaine et un officier subalterne de ronde.

Service au bivouac.

1. Composition de la garde du camp et de la garde d'incendie.

La garde du camp d'un bataillon se compose de :

> 1 officier,
> 2 sous-officiers,
> 1 tambour ou clairon,
> 24 hommes.

Elle fournit :

> 1 sentinelle double au flanc droit,
> 1 sentinelle double au flanc gauche,
>> toutes deux à hauteur de la garde ;
> 1 sentinelle devant les armes,
> 1 sentinelle au drapeau,
> 1 sentinelle chez le chef de bataillon.

Elle a en outre :

> 2 caporaux,
> 1 *kalefactor*[1].

La garde d'incendie se compose de :

> 1 sous-officier,
> 1 tambour,
> 21 hommes.

Elle fournit :

> 1 sentinelle double au flanc droit,
> 1 sentinelle double au flanc gauche,
>> toutes deux à hauteur de la garde ;
> 1 sentinelle devant les armes,
> 1 sentinelle aux bagages.

Elle a, en outre, 2 caporaux pour faire reconnaître et poser les factionnaires et 1 *kalefactor*.

Le nombre des gardes de camp et d'incendie et leur composition sont réglés d'après la position du bivouac, le nombre de bataillons et de lignes.

---

1. Homme de corvée qui cherche le manger des hommes de garde et qui est chargé d'entretenir la propreté du poste.

2. Placement des sentinelles et instructions à leur donner.

Dès que la garde du camp est arrivée à son poste, son commandant l'arrête et la numérote. La première série s'avance, et un sous-officier place les sentinelles aux points que lui désigne l'officier. La garde reste sous les armes jusqu'à ce que toutes les sentinelles soient placées; elle forme alors les faisceaux et met sac à terre.

Les sentinelles emportent leur sac et le déposent derrière elles.

L'officier de garde rend compte à l'officier supérieur de jour que la garde est installée et que les sentinelles sont placées.

On donnera aux sentinelles de la chaîne les instructions suivantes :

Du réveil à la retraite, elles rendent aux officiers les honneurs prescrits dans le service intérieur; après la retraite, elles ne les rendent qu'aux patrouilles et aux rondes; celles-ci sont arrêtées comme en garnison, seulement on ne détache qu'un homme pour donner le mot d'ordre et de ralliement.

Les officiers de tous grades traversent sans obstacle la chaîne des sentinelles pendant le jour; de nuit, ils sont, comme tous ceux qui s'approchent, arrêtés par le cri de *Halte là = Qui vive !* et conduits au poste; il n'y a d'exception que pour l'officier de service et le commandant en chef.

Les soldats qui veulent sortir isolément du bivouac, sont envoyés à la garde du camp; mais ceux qui veulent y entrer, de même que les étrangers, les cantiniers etc , sont arrêtés et conduits à la garde par un des hommes de la sentinelle double.

Les sentinelles doivent observer exactement ce qui se passe aux avant-postes et avertir leur garde de tout mouvement extraordinaire.

Lorsqu'on relève les sentinelles, le poste reste sous les armes jusqu'à leur retour.

Les sentinelles de la garde d'incendie sont placées de la même manière et reçoivent les mêmes instructions; tous les factionnaires tournent le dos au bivouac; la sentinelle placée aux bagages doit les garder avec vigilance et ne laisser approcher personne sans autorisation.

3. Conduite de la garde du camp et de la garde d'incendie.

De jour, la garde rend les mêmes honneurs qu'en garnison.

L'officier veille à ce que les sentinelles exécutent strictement leur consigne; il envoie à l'officier supérieur de jour les individus arrêtés qui paraissent suspects, et lui rend compte de tous les événements importants; il observe avec soin ce qui se passe aux avant-postes.

Le mot lui est envoyé par l'adjudant du bataillon; il le donne à ses sentinelles un peu avant la retraite.

Pendant la retraite, à laquelle les tambours de garde ne prennent point part, les gardes sont sous les armes; quand elle est battue, elles font la prière. Le chef de poste fait ensuite son rapport à l'officier de jour.

A partir de la retraite, jusqu'au réveil, la garde ne rend d'honneurs qu'aux rondes et à l'officier supérieur de jour. Ils sont arrêtés par la sentinelle placée devant les armes, et reconnus par un sous-officier et deux hommes; l'officier supérieur de jour ou l'officier de ronde s'approche de la garde et donne le mot.

Les patrouilles sont arrêtées par la sentinelle placée devant les armes, reconnues par un sous-officier et deux hommes, sans que la garde prenne les armes.

L'officier de garde fait faire pendant la nuit, entre les heures de relevée, aux intervalles qu'il lui plaira, des patrouilles par un caporal avec un ou deux hommes. Ces patrouilles longeront la chaîne des sentinelles jusqu'aux gardes voisines. Leur objet principal est de s'assurer de la vigilance des sentinelles.

Dans des cas particuliers, tels que coups de feu réitérés aux avant-postes, bruits inaccoutumés dans la direction de l'ennemi, il y envoie des patrouilles et rend compte de l'événement à l'officier de jour.

L'officier de garde examine de près tous les individus amenés au poste par les sentinelles; lorsqu'ils paraissent suspects, il les envoie à la garde d'incendie, pour les retenir, et en rend compte à l'officier supérieur de jour.

Lorsque les sentinelles annoncent l'arrivée d'une troupe du dehors, un sous-officier et deux hommes vont la reconnaître; la garde prend les armes.

La troupe reconnue est conduite au poste, si elle est au-dessous de dix hommes; si elle est plus nombreuse, on n'y amène que son chef; l'officier de garde l'examine et permet à la troupe, si elle appartient au corps, de passer devant la garde et de traverser la chaîne.

Si c'est une troupe étrangère, on lui fait rejoindre son bivouac, en passant en dehors de la ligne.

Pendant la nuit, la garde se repose par moitié.

A la pointe du jour, les gardes battent le réveil à l'heure désignée par le commandant en chef et font la prière.

En cas d'alarme, ce qui ne peut avoir lieu au bivouac que si l'ennemi avait traversé les avant-postes sans être vu, et était entré dans le camp, l'officier de garde marche contre lui, afin de donner aux troupes le temps de se former.

Ces instructions sont de même suivies par la garde d'incendie, qui est, en outre, particulièrement chargée des arrestations; elle garde les individus qui lui sont envoyés, et rend compte de leur arrestation à l'officier supérieur de jour.

A chaque garde d'incendie sont attachés deux sous-officiers, dont les fonctions vont être indiquées.

4. Retraite et réveil.

La retraite est battue le soir, à l'heure désignée par le commandant en chef.

Les compagnies font l'appel et la prière du soir, les armes sont passées en revue. Les piquets désignés pour la nuit sortent du bivouac.

A la pointe du jour, le réveil est battu par les tambours de garde, les hommes se lèvent et nettoient leurs habits. Une heure après, les compagnies font l'appel et la prière du matin.

Les piquets rentrent au bivouac d'après les ordres qu'ils ont reçus.

5. Service de l'officier supérieur de jour et de l'officier de ronde.

L'officier supérieur de jour prend son service à la garde montante et se présente au commandant du régiment. Il a la surveillance des gardes et de la police dans tout le régiment. Il est assisté par le capitaine et l'officier subalterne de ronde; ces officiers prennent leur service en même temps que l'officier de jour et se présentent à lui; il leur donne des instructions détaillées pour l'exécution de leur service. L'officier supérieur de jour inspecte les gardes pendant le jour et la nuit et les fait inspecter par ces officiers.

Il reçoit les rapports des gardes et rend compte au commandant du régiment de tous les événements importants.

En cas d'alarme, il se rend aux gardes du camp et cherche à arrêter les progrès de l'ennemi, jusqu'à ce que les troupes bivouaquées soient sous les armes ou qu'elles approchent.

Il se sert pour la police des deux sous-officiers, commandés par bataillon, qui se tiennent à la garde d'incendie. Ils doivent empêcher les causes d'incendie, et, pour cela, veiller à ce qu'on ne fasse la cuisine que dans les trous destinés à cet usage. Ils empêchent les soldats de s'arrêter, après la retraite, chez les cantiniers et d'y faire du bruit ou du désordre.

6. Sortie des troupes devant le bivouac.

La troupe ne peut sortir devant le bivouac que sur un ordre exprès; les hommes rectifient leur tenue.

On sort devant le bivouac sans armes, en bonnet. Les officiers se tiennent sur un rang devant le centre du bataillon; les tambours et la musique se placent derrière eux.

7. Conduite en cas d'alarme.

En cas d'alarme, soit de jour, soit de nuit, chaque soldat prend son fusil, sa cartouchière et se rend promptement à la place d'armes. Les gardes ne bougent que sur un ordre particulier. Les voitures sont attelées.

8. Départ du bivouac.

Lorsqu'on veut quitter le bivouac, on bat, une heure avant le départ, la marche générale. Les hommes mettent sac au dos et se disposent à partir.

Un quart d'heure avant l'heure fixée pour le départ, on bat l'assemblée; les hommes prennent leurs armes et se rendent au front de bandière. La garde du camp et la garde d'incendie rentrent. Après la marche générale, les feux sont soigneusement éteints avec de l'eau ou de la terre.

B. Cavalerie.

Entrée au bivouac.

On bivouaque toujours en colonne. Le régiment se forme en colonne, par escadron, à demi-distance, à droite

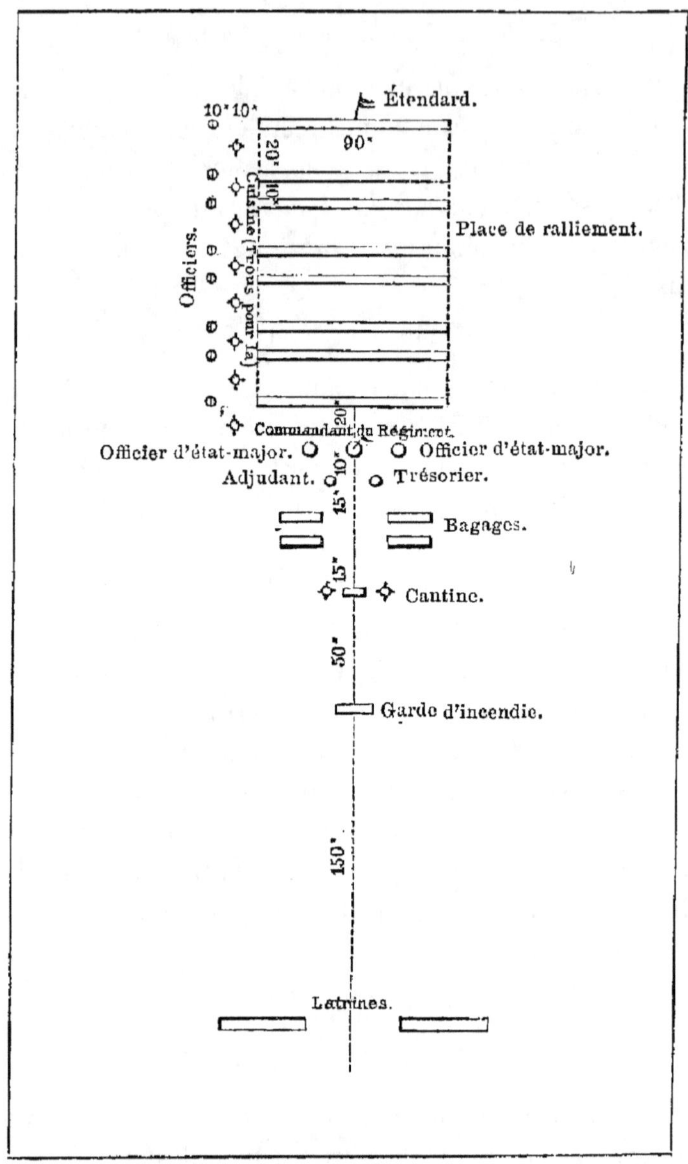
Étendard.
10ᵐ 10ᵐ
90ᵐ
20ᵐ
10ᵐ
Officiers.
Cuisine (Trous pour la)
Place de ralliement.
Commandant du Régiment.
20ᵐ
Officier d'état-major.
Officier d'état-major.
Adjudant.
Trésorier.
15ᵐ 10ᵐ
Bagages.
15ᵐ
Cantine.
50ᵐ
Garde d'incendie.
150ᵐ
Latrines.

et près de l'emplacement du bivouac. On commande :
Garde d'étendard et garde d'incendie en avant =
Marche!

Les hommes commandés de garde se réunissent à côté de l'aile droite de leur escadron et se rendent ensuite au galop à 20 pas en avant du centre du premier escadron; la garde d'étendard forme le premier rang; la garde d'incendie, le second.

L'officier de garde à l'étendard et le porte-étendard s'avancent avec eux : le premier se place devant les gardes, le second à leur droite; les trompettes se rendent au lieu de rassemblement des gardes et se placent à 10 pas en avant d'elles, face au régiment; ils y sont conduits par l'adjudant du régiment.

Régiment, remettez le sabre. Les gardes conservent le sabre à la main.

Régiment, par peloton à gauche = Marche!

En avant! Les pelotons prennent une distance et quart. Les gardes et les trompettes suivent le mouvement en faisant à droite et à gauche.

Régiment, par peloton à droite = Marche! Halte! après que le dernier peloton a parcouru dans la nouvelle direction une distance égale au front d'un escadron.

Les gardes et les trompettes font front.

Second rang, demi-tour = Marche! En avant!

Les trompettes sonnent pour entrer; les officiers du premier et du quatrième peloton, passant par les ailes, se placent devant le second rang; la garde d'incendie se rend à son poste en passant par l'aile droite du régiment; le sabre est remis au fourreau; la sentinelle placée devant les armes est mise en faction, les autres hommes rentrent à leurs escadrons.

Second rang = Halte! lorsqu'il est arrivé à 10 pas du premier rang de l'escadron suivant.

Les rangs partagent les intervalles et se préparent à mettre pied à terre sans commandement et sans que les premiers numéros se portent en avant.

Pied à terre.

Les hommes ôtent la coiffure, le baudrier et le sabre; les cuirassiers quittent la cuirasse. Les sabres sont enfoncés en terre, à 3 pas en avant de la ligne des têtes des chevaux, la coquille en dehors; la coiffure est placée sur le sabre, la visière en avant; les gants de drap sont mis dans la coiffure. La cuirasse se met sous l'épée, la poitrine en avant. La lance est fichée en terre à un demi-pas du sabre.

Les piquets sont, autant que possible, alignés et plantés à égale distance; la longe y est solidement attachée.

La bride et le mors sont placés en face des chevaux, à côté des armes.

Quand on a fait le commandement de desseller, les selles avec le poitrail sont placées à 3 pas en arrière des chevaux; les carabines ne sont point enlevées. Les couvertures sont pliées et placées sur la selle. L'intervalle entre deux régiments est de 75 pas.

Service au bivouac.

1. Composition et conduite des gardes.

La garde de l'étendard se compose de :

>   1 officier;
>   1 sous-officier;
>   1 trompette;
>   11 hommes.

Elle fournit :

>   1 sentinelle à chaque aile du front du régiment;
>   1 sentinelle devant l'étendard.

Un homme est chargé de faire reconnaître et de placer les factionnaires. Elle a, en outre, un kalefactor.

La garde d'incendie se compose de :

>   1 sous-officier;
>   11 hommes.

Elle fournit :

>   1 sentinelle sur le flanc droit,   }   faisant face
>   1 sentinelle sur le flanc gauche, }   à l'extérieur.
>   1 sentinelle devant les armes.

Un homme est chargé de faire reconnaître et de poser les factionnaires. Elle a, en outre, un *kalefactor*.

La composition des gardes doit surtout dans la cavalerie légère, être basée sur le nombre des détachements. On laisse au commandant du régiment la faculté de les réduire au nombre strictement nécessaire à la sûreté du bivouac.

Lorsque la garde d'étendard est placée, le sabre est remis au fourreau. L'officier de garde fait mettre pied à terre au premier numéro placé devant les armes, au sous-officier et au trompette, et planter l'étendard. À 2 pas en avant sont placées les timbales. La garde fait ensuite à gauche, les hommes et les trompettes retournent au pas à leurs escadrons. La garde d'incendie s'installe de la même manière.

Un quart d'heure après, les gardes doivent être rassemblées sur leur emplacement, et les sentinelles sont posées.

Lorsque la garde prend les armes, la sentinelle se place à droite et contre l'étendard. L'officier se place à la droite de la garde, le trompette à 1 pas de lui.

Dès qu'il fait nuit, les sentinelles arrêtent tous ceux qui se présentent, par le cri de : *Halte-là! Qui vive!* et envoient à la garde de l'étendard tous les individus qui n'appartiennent pas au régiment.

Les honneurs sont rendus comme en garnison ; la prière est de même faite après la retraite. La garde d'incendie veille à ce que, après la retraite, personne ne s'arrête dans les cantines. Pendant la nuit, entre les heures de relevée, les gardes envoient, à divers intervalles, des patrouilles composées d'un brigadier et d'un ou deux hommes. Ces patrouilles longent la chaîne des sentinelles jusqu'aux postes voisins ; elles s'assurent de la vigilance des factionnaires. On doit rendre compte au capitaine de jour de tous les événements importants.

2. Service du capitaine de jour.

Dans un régiment, le capitaine de jour a sous ses ordres un officier et deux sous-officiers par escadron.

Le capitaine se rend chez le chef de corps et reçoit de lui les ordres relatifs aux heures où l'on devra desseller, donner le fourrage, conduire les chevaux à l'abreuvoir, etc. Il doit lui rendre compte de tout ce qui concerne le service du bivouac.

A la tombée de la nuit, il fait fermer les rues des escadrons.

3. Retraite et boute-selle.

La retraite est sonnée avant la nuit, à l'heure désignée par le chef de corps; les trompettes s'assemblent une demi-heure auparavant près de l'étendard et font la musique du soir habituelle. En même temps, les escadrons se rendent à leur place d'alarme pour faire l'appel. Après la retraite, les trompettes sonnent un choral et les hommes font la prière à voix basse.

En général, le boute-selle est sonné à la pointe du jour par le trompette de garde; lorsqu'on doit quitter le bivouac de bonne heure, on le sonne trois heures avant le départ; les hommes se lèvent et font le pansage.

4. Sortie des troupes devant le bivouac.

Les escadrons ne sortent devant le bivouac que sur un ordre exprès; ils se placent en tenue d'écurie, bonnet, sans armes, devant le front du bivouac, les officiers devant la droite de leur escadron; les trompettes forment un cercle autour de l'étendard et font de la musique.

5. Conduite en cas d'alarme.

Chaque homme selle son cheval aussi vite que possible, s'habille, prend ses armes et se rend à la place d'alarme.

6. Départ du bivouac.

Une demi-heure avant le départ, les gardes et les sentinelles sont retirées. Le porte-étendard se rend à cheval auprès de l'étendard, le place à la botte et fait face en avant ; le plus jeune officier du régiment, qui s'y rend en même temps que lui, se place devant l'étendard L'officier de garde et la sentinelle placée devant l'étendard se retirent aussitôt qu'on l'a enlevé.

Lorsque le régiment doit quitter le bivouac, on fait le commandement de : *Aux chevaux !* puis celui de : *Montez à cheval.* Les officiers se mettent dans les rangs aux places qu'ils avaient pour entrer au bivouac.

Les escadrons se serrent du côté où se trouve l'aile droite du premier rang.

Premier rang, demi-tour = Marche! En avant!

Lorsqu'il est arrivé près du second rang :

Régiment, front = Halte!

Les officiers du premier et du quatrième peloton se remettent à leurs places.

Régiment, par peloton à droite = Marche! En avant! et aussitôt qu'il est arrivé à la place qu'il occupait avant d'entrer au bivouac :

Régiment, par peloton à gauche = Marche! Halte!

Régiment, sabre à la main! = Garde à vous!

L'officier qui a suivi le mouvement du régiment avec le porte-étendard, conduit celui-ci à sa place.

C. Artillerie.

Entrée au bivouac.

Les pièces et les voitures sont établies sur l'emplacement désigné pour le bivouac, comme l'indique le dessin ; les caissons de munitions sont placés de manière à ce qu'il y ait une distance de 4 pas entre les chevaux de devant et les bouches à feu. Dans l'artillerie à cheval, les servants se placent dans les intervalles de droite jusqu'à hauteur du conducteur de la pièce et à 1 pas de lui.

Garde des pièces et garde d'incendie, en avant =
Marche !

Les hommes commandés de garde se portent à 10 pas en avant du milieu de la batterie, la garde du parc au premier rang, la garde d'incendie au second.

Après le commandement de : *Pied à terre* et à celui de : *Dételez,* les chefs des sections marquent, par un piquet, les angles de devant de chaque écurie.

Les conducteurs, aidés des servants, ont, pendant ce temps, dételé les chevaux et se sont portés en avant, de la longueur d'un cheval, après s'être remis en selle. Dans l'artillerie à cheval, le second rang des servants se porte à un pas en arrière.

On commande alors :

Demi-tour = Marche = Halte !

Dans l'artillerie à cheval, chaque rang des servants et des gardes converse à droite et fait demi-tour ; dans l'artillerie à pied, les servants et les gardes font demi-

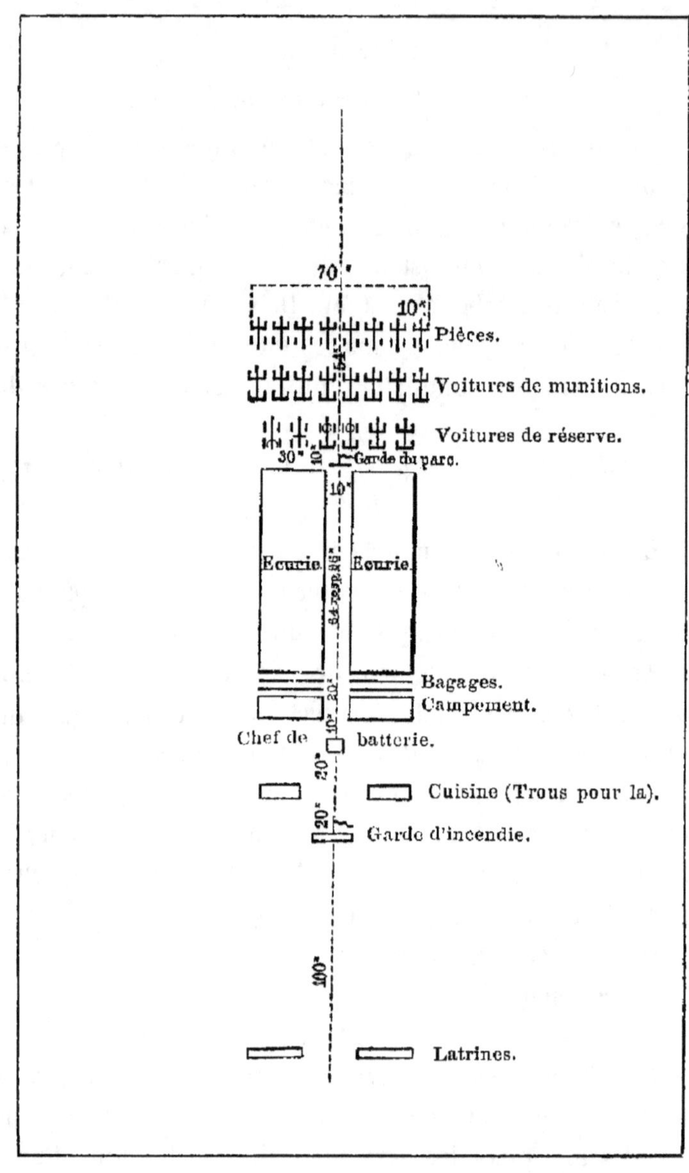
70"
10"
Pièces.
Voitures de munitions.
Voitures de réserve.
30" 10" Garde du parc.
10"
Ecurie. Ecurie.
Bagages.
Campement.
Chef de batterie.
20"
Cuisine (Trous pour la).
20"
Garde d'incendie.
100"
Latrines.

tour. Tous les couples de chevaux des attelages qui sont à la droite de l'entrée de l'écurie font à gauche, les autres font à droite et s'arrêtent.

Marche!

Les gardes et les servants de l'artillerie à pied se rendent sur leurs emplacements.

Les attelages et les hommes montés rompent par deux dans chaque demi-batterie, en commençant par le centre, et entrent à l'écurie dans l'ordre suivant :

Les chefs de section, les attelages du troisième rang (d'abord les timoniers), les voitures et les pièces de la première et de la deuxième ligne.

Dans l'artillerie à cheval, les cavaliers de chaque pièce se placent, le deuxième rang en avant, devant les chevaux de trait de leur pièce.

Lorsque la tête est arrivée à l'extrémité des écuries, on commande :

A droite et à gauche conversion = Marche!
En avant! Halte!

Les sous-officiers et tous les conducteurs conversent du côté le plus rapproché d'eux ; les artilleurs à cheval conversent par rang et prennent leurs intervalles de manière à ce que les chevaux soient convenablement espacés.

On commande ensuite :

Pied à terre! = Otez le harnachement!

Les hommes déposent le casque, le paquetage et les armes; ils enfoncent les piquets et y attachent les longes de campement.

Ils placent le sabre en terre, à 10 pas derrière leurs chevaux de selle, le tranchant en arrière, le casque sur le sabre, l'aigle du côté du tranchant; l'artillerie à cheval place la giberne sur le casque.

Le harnachement est déposé à 3 pas en arrière des chevaux de la manière suivante :

Les selles ou le paquetage, la partie antérieure tournée vers les chevaux, les couvertures pliées sur la selle; sur la couverture, les rênes avec le mors tourné vers le cheval.

Pour les chevaux de trait, le collier avec ses accessoires est appuyé sur le devant de.la selle ou du paquetage, la partie inférieure contre la selle.

Les servants des batteries à pied déposent sur deux rangs leurs armes et leur havre-sac, dont ils ont enlevé les ustensiles de cuisine; les courroies du sac sont tournées en dehors. Le casque est placé sur le sac, l'aigle tourné vers le front du bivouac.

Service du bivouac.

1. Composition et conduite des postes.

Pour une batterie de huit pièces, les gardes du parc et d'incendie se composent chacune d'un brigadier et de 6 hommes; l'une et l'autre fournissent 2 sentinelles; chacune d'elles a la surveillance du parc ou du camp d'une demi-batterie.

Pour une batterie de quatre pièces, les gardes sont en général plus faibles de moitié; chacune ne fournit qu'une sentinelle. Ces deux gardes veillent avant tout à la sûreté du parc et au maintien de l'ordre intérieur dans le bivouac; elles ont aussi pour consigne de ne pas laisser les hommes sortir seuls du bivouac sans permission. La garde du parc doit empêcher de traverser les intervalles des voitures et de pénétrer dans le parc sans être accompagné du chef de pièce. La garde d'incendie a de plus pour mission spéciale de préserver du feu; en cas d'incendie, elle porte secours et donne l'alarme.

Les sentinelles observeront ce qui se passe en dehors du bivouac, et rendront compte immédiatement des mouvements extraordinaires qui se feraient dans les bivouacs des autres corps de troupes, des signaux, des coups de feu tirés aux avant-postes, etc.

Pendant la nuit elles arrêtent tous ceux qui s'approchent et envoient à la garde du parc les personnes inconnues et suspectes, lors même qu'elles auraient donné le mot d'ordre et de ralliement.

Elles rendent compte à l'officier de jour de tous les événements importants.

2. Service de l'officier de jour.

Il est commandé un officier de jour par batterie; on lui donne pour auxiliaire un brigadier. C'est par lui que le commandant de la batterie donne ses ordres pour dételer, donner le fourrage, conduire à l'abreuvoir, etc.; il est chargé des dispositions générales, de la perception de ce qui est nécessaire au bivouac, de la surveillance du service et de l'ordre intérieur du bivouac. Il rend compte à son chef de tous les événements importants.

3. Retraite et boute-selle.

La retraite est sonnée à la tombée de la nuit. Avant la retraite, les hommes se placent devant les pièces; on fait l'appel et on communique le service; après la retraite les hommes font la prière à voix basse et vont se reposer. Le boute-selle est sonné à la pointe du jour, ou deux heures et demie à trois heures avant le départ; les hommes se lèvent, les servants nettoient leur équipement, le reste fait le service d'écurie.

4. Sortie des troupes devant le bivouac.

On ne sort devant le bivouac que sur un ordre spécial, en tenue de travail, bonnet, sans armes; on se forme sur le lieu de réunion pour l'appel, les officiers devant la droite de la troupe.

5. Conduite en cas d'alarme.

En cas d'alarme, on sort de l'écurie par pièce et au trot; chaque attelage se rend promptement à sa voiture par le chemin le plus court. Les servants, après avoir aidé à mettre les harnais et à seller les chevaux, se rendent en hâte à leurs pièces pour aider à atteler.

On met le fourniment et l'on se tient prêt à faire feu.

6. Départ du bivouac.

Au boute-selle, on se prépare au départ; les conducteurs et les cavaliers se mettent en selle, sans commandement, aussitôt qu'ils ont apprêté leurs chevaux; ils reculent au commandement de :

Trois pas en arrière = Marche!

Au commandement de :

A droite et à gauche, conversion = Marche! = En avant! ils se rendent à leurs pièces ou à leurs voitures, au pas et dans un ordre inverse de celui qu'ils avaient pour entrer à l'écurie; ils attellent après les commandements de : *Pied à terre* et *Attelez.*

Les servants des batteries à pied mettent sac au dos et se rendent à leurs pièces respectives.

Les conducteurs montent à cheval lorsqu'ils ont fini d'atteler.

D. Chasseurs et tirailleurs.

Les chasseurs et les tirailleurs campent de la manière prescrite en A. (Voy. p. 69.)

E. Pionniers.

Les pionniers campent de la manière prescrite en A. (Voy. p. 63.)

APPENDICE.

INSTRUCTION.

1. *Dispositions préparatoires.*

1. Aussitôt que S. M. le roi aura déterminé l'époque des manœuvres pour l'année courante, les généraux qui devront les commander, présenteront à l'approbation du ministre de la guerre le plan de leurs dispositions spéciales (choix du terrain, indication du temps pour les manœuvres).

2. Lorsque les corps d'armée devront exécuter les manœuvres d'automne en présence de S. M. le roi, on devra envoyer au ministre de la guerre, pour être soumis à l'approbation de Sa Majesté, l'idée générale, les idées spéciales pour la manœuvre à exécuter par tout le corps, ainsi qu'un projet d'ordre de bataille et de formation de parade. (Ce projet sera conforme aux annexes I et II du Supplément.)

3. L'ordre de bataille, c'est-à-dire, la formation normale et permanente du corps d'armée, qu'il ne faut pas confondre avec la formation de combat variant avec le but tactique (voir les remarques du Supplément, mod. IV), indique l'assemblage des brigades, des divisions du corps,

conformément aux prescriptions du plan de mobilisation (1re partie, titre Ier), et la répartition des commandements; à cet effet, on observera les principes suivants:

Une division, en l'absence de son général, est commandée par le plus ancien général de brigade.

Les brigades, à défaut de leur chef, sont commandées, suivant les armes qui la composent, par le plus ancien commandant de régiment; les régiments d'infanterie le sont par le plus ancien chef de bataillon.

Les régiments d'infanterie de la landwehr sont commandés par les plus jeunes officiers supérieurs d'infanterie, que ces officiers fassent partie des cadres, qu'ils soient à la suite ou employés à un service.

En principe, le commandement d'un régiment de cavalerie dont le chef est absent, est exercé par le plus ancien officier supérieur du régiment; cependant, lorsque celui-ci commande un régiment de cavalerie de la landwehr déjà rassemblé, le régiment de ligne est commandé par le plus ancien commandant d'escadron, à moins que l'autorité supérieure n'en ait décidé autrement.

On procédera partout d'après ces principes, à moins que des circonstances particulières, qui devront être indiquées, n'exigent qu'on s'en écarte.

Le général en chef et les généraux de division feront connaître au chef d'état-major général de l'armée les cartes qui leur sont nécessaires pour la manœuvre qu'ils ont projetée; celui-ci leur viendra en aide, en mettant à leur disposition les cartes que contient le dépôt des plans.

S'il est nécessaire de dresser des cartes particulières pour les grandes manœuvres d'automne faites en présence de S. M. le roi, le chef d'état-major les fait exécuter, après avoir fait connaître au ministère de la guerre les dépenses qu'elles nécessiteront.

4. Les commandants en chef demandent au ministère de la guerre les autographies de campagne dont ils ont besoin pour faciliter la transmission de leurs ordres, des dispositions, etc.

5. Lorsque plusieurs corps d'armée manœuvrent ensemble, l'idée générale de la manœuvre et les idées spéciales qui s'y rapportent, sont communiquées le jour qui précède celui de la manœuvre.

2. *Pendant le cours des manœuvres.*

6. Les dispositions des généraux agissant l'un contre l'autre dans les manœuvres de campagne devront, autant que possible, être remises au général en chef la veille de la manœuvre, avec un nombre de copies suffisant pour les arbitres.

7. Lorsque S. M. le roi assiste aux grandes manœuvres d'automne d'un corps d'armée, le commandant en chef lui envoie, en arrivant sur le terrain de revue, un rapport indiquant l'effectif du corps; il lui adresse, en outre, la veille de chaque manœuvre ou de chaque parade, les dispositions ou l'état de la formation de parade des troupes présentes. (Supplément, annexe III.)

La veille de chaque parade, le commandant en chef

adressera à l'adjudant général de service et à l'aide de camp de Sa Majesté un billet de marche, c'est-à-dire, un état indiquant l'ordre dans lequel les troupes devront défiler, ainsi que les noms des commandants et des officiers de chaque subdivision séparée (sections, compagnies, escadrons, demi-escadrons).

L'idée spéciale sera placée en tête de chaque disposition; on y ajoutera la répartition tactique des troupes pour la manœuvre qu'elle concerne. (Supplément, annexe IV.)

Lorsque cette répartition ne devra pas être changée pour les manœuvres suivantes ou qu'elle ne devra subir que des modifications insignifiantes, il suffira d'en faire part dans le texte de la disposition.

Les prescriptions relatives à l'annexe II du Supplément pour le format et l'épaisseur du papier à employer, s'appliquent aussi aux *dispositions*; en raison du papier de plus petite dimension employé pour les *dispositions*, il ne faudra commencer à écrire sur le grand format qu'au milieu de la feuille.

Lorsque le général commandant le corps d'armée tient à sa disposition une presse autographique, il fait tirer en un nombre suffisant d'exemplaires les dispositions avec leurs suppléments (annexe IV) et l'état des troupes pour la formation de parade (annexe II); au commencement de la manœuvre, un officier les distribue aux spectateurs qui sont à la suite de S. M. le roi.

8. Dans les années où les corps d'armée n'exécutent pas de grandes manœuvres d'automne, les généraux qui

les commandent, adressent, le 15 décembre, au ministre de la guerre, un rapport conforme aux instructions de l'annexe V du Supplément, sur l'exécution des manœuvres d'automne et sur le degré d'instruction des chefs et de la troupe.

Le général commandant y ajoutera, à son gré, des rapports spéciaux sur certaines manœuvres, exécutées en présence des généraux de division; ces rapports contiendront :

1° Les idées qui ont servi de base à l'exercice ;

2° Les dispositions prises par les chefs des deux partis;

3° Un résumé de la manœuvre;

4° Les croquis nécessaires à l'intelligence de la manœuvre.

Le général commandant le corps devra faire ses remarques sur les dispositions prises par le général qui a commandé ces manœuvres, et sur la manière dont elles ont été exécutées; ces remarques seront placées aux endroits prescrits par les instructions précédentes.

9. Lorsque les grandes manœuvres d'automne auront lieu devant S. M. le roi, les généraux commandants enverront, aussitôt que possible, au chef d'état-major général les rapports désignés au § 8 (Supplément, annexe V); ils y joindront les rapports spéciaux des généraux qui ont commandé les deux partis opposés dans la manœuvre de campagne, et ceux des chefs de subdivision (avant-garde, réserve, etc.).

SUPPLÉMENT.

ORDRE DE BATAILLE DU ᵉ CORPS D'ARMÉE

PENDANT

LES GRANDES MANŒUVRES D'AUTOMNE DE L'ANNÉE 18...

Général en chef . . . . Lieutenant général.
Chef d'état-major général . . . . Lieutenant-colonel.
Commandant de l'artillerie . . . . *Idem.*

ᵉ Division d'infanterie . . . . Lieutenant général.
  ᵉ Brigade d'infanterie . . . . Général-major.
    ᵉ Régiment de la Garde . . . . Lieutenant-colonel.
      1ᵉʳ Bataillon . . . . Major.
      2ᵉ Bataillon . . . . *Idem.*
      Bataillon de fusiliers . . . . *Idem.*
    ᵉ Régiment d'infanterie . . . . . . Colonel.
      1ᵉʳ Bataillon . . . . Major.
      2ᵉ Bataillon . . . . Lieutenant-colonel.
      Bataillon de fusiliers . . . . Major.
    ᵉ Régiment d'infanterie . . . . . . Lieutenant-colonel.
      1ᵉʳ Bataillon . . . . Major.
      2ᵉ Bataillon . . . . *Idem.*
      Bataillon de fusiliers . . . . *Idem.*
  ᵉ Brigade d'infanterie . . . . Général-major.
    ᵉ Régiment d'infanterie . . . . . . Colonel.
      1ᵉʳ Bataillon . . . . Major.
      2ᵉ Bataillon . . . . *Idem.*
      Bataillon de fusiliers . . . . *Idem.*

^e Régiment d'infanterie. . . . . . . Lieutenant-colonel.
  1er Bataillon. . . . . Major.
  2e Bataillon. . . . . *Idem.*
  Bataillon de fusiliers . . . . *Idem.*
^e Bataillon de chasseurs. . . . . . Capitaine.
^e Régiment de dragons . . . . Major.
^e Subdivision montée de la ^e bri-
  gade d'artillerie . . . . *Idem.*

^e Division d'infanterie . . . . Lieutenant général.
 ^e Brigade d'infanterie . . . . Colonel.
  ^e Régiment d'infanterie. . . . . . . *Idem.*
   1er Bataillon . . . . Major.
   2e Bataillon . . . . *Idem.*
   Bataillon de fusiliers . . . . Capitaine.
  ^e Régiment d'infanterie. . . . . . . Lieutenant-colonel.
   1er Bataillon . . . . Major.
   2e Bataillon . . . . *Idem.*
   Bataillon de fusiliers . . . . *Idem.*

 ^e Brigade d'infanterie . . . . Général-major.
  ^e Régiment d'infanterie. . . . . . . Lieutenant-colonel.
   1er Bataillon . . . . *Idem.*
   2e Bataillon . . . . Major.
   Bataillon de fusiliers . . . . Capitaine.
  ^e Régiment d'infanterie. . . . . . . Lieutenant-colonel.
   1er Bataillon . . . . Major.
   2e Bataillon. . . . . *Idem.*
   Bataillon de fusiliers . . . . *Idem.*
  ^e Régiment de uhlans. . . . . *Idem.*
  ^e Subdivision montée de la ^e brigade d'artillerie . . . . *Idem.*
  ^e Bataillon de pionniers, etc., avec
   un demi-train d'équipage léger
   de ponts. . . . . Capitaine.

^a Division de cavalerie . . . . Général-major.
Brigade de cavalerie légère . . . . . Colonel.
   ^c Régiment de dragons . . . . Capitaine.
   ^c Régiment de hussards. . . . . . . *Idem.*

Grosse cavalerie . . . . Général-major.
   ^c Régiment de cuirassiers . . . . . Lieutenant-colonel.
   ^e Régiment de uhlans. . . . . *Idem.*
   ^e Batterie à cheval de la ^e brigade
      d'artillerie . . . . Major.

Réserve d'artillerie (^e brigade d'ar-
      tillerie) . . . . *Idem.*
  ^e Subdivision montée . . . . *Idem.*
  ^e et ^e batteries à cheval . . . . . . *Idem.*

REMARQUE.

Lorsque le régiment de fusiliers prend part à la manœuvre, il est réparti dans l'une des divisions.

Annexe II.

ÉTAT

DES TROUPES ET DE LEURS COMMANDANTS

POUR LA FORMATION DE PARADE DU ᵉ CORPS D'ARMÉE

le .... 18...

———

Général en chef . . . . Lieutenant général.
Chef d'état-major. . . . . Lieutenant-colonel.

1ʳᵉ Ligne.

ᵉ Division d'infanterie. . . . . Lieutenant général.
  ᵉ Brigade d'infanterie . . . . Général-major.
    ᵉ Régiment de la Garde. . . . . . . Lieutenant-colonel.
      1ᵉʳ Bataillon . . . . Major.
      2ᵉ Bataillon . . . . *Idem.*
      Bataillon de fusiliers . . . . *Idem.*
    ᵉ Régiment d'infanterie. . . . . . . Colonel.
      1ᵉʳ Bataillon . . . . Major.
      2ᵉ Bataillon . . . . Lieutenant-colonel.
      Bataillon de fusiliers . . . . Major.
    ᵉ Régiment d'infanterie. . . . . . . Lieutenant-colonel.
      1ᵉʳ Bataillon . . . . Major.
      2ᵉ Bataillon . . . . *Idem.*
      Bataillon de fusiliers . . . . *Idem.*
  ᵉ Brigade d'infanterie . . . . Général-major.
    ᵉ Régiment d'infanterie. . . . . . . Colonel.
      1ᵉʳ Bataillon . . . . Major.
      2ᵉ Bataillon . . . . *Idem*
      Bataillon de fusiliers . . . . Lieutenant-colonel.
    ᵉ Régiment d'infanterie. . . . . . . *Idem.*
      1ᵉʳ Bataillon . . . . Major.
      2ᵉ Bataillon . . . . *Idem.*
      Bataillon de fusiliers . . . . *Idem.*

" Division d'infanterie . . . . Lieutenant général.
 " Brigade d'infanterie . . . . Colonel.
  " Régiment d'infanterie . . . . *Idem.*
   1er Bataillon . . . . Major.
   2e Bataillon . . . . *Idem.*
   Bataillon de fusiliers . . . . Capitaine.
  " Régiment d'infanterie . . . . Lieutenant-colonel.
   1er Bataillon . . . . Major.
   2e Bataillon . . . . *Idem.*
   Bataillon de fusiliers . . . . *Idem.*

 " Brigade d'infanterie . . . . Général-major.
  " Régiment d'infanterie . . . . Lieutenant-colonel.
   1er Bataillon . . . . *Idem.*
   2e Bataillon . . . . Major.
   Bataillon de fusiliers . . . . Capitaine.
  " Régiment d'infanterie . . . . Lieutenant-colonel.
   1er Bataillon . . . . Major.
   2e Bataillon . . . . *Idem.*
   Bataillon de fusiliers . . . . *Idem.*
  " Régiment de fusiliers . . . . Colonel.
   1er Bataillon . . . . Major.
   2e Bataillon . . . . *Idem.*
   3e Bataillon . . . . *Idem.*
  " Bataillon de chasseurs . . . . . . Capitaine.
  " Bataillon de pionniers . . . . *Idem.*

2e LIGNE.

" Division de cavalerie . . . . Général-major.
 Brigade de cavalerie légère . . . . . . Colonel.
  " Régiment de dragons . . . . Capitaine.
  " Régiment de dragons . . . . Major.
  " Régiment de hussards . . . . *Idem.*
 Brigade de grosse cavalerie . . . . . . Général-major.
  " Régiment de cuirassiers . . . . . . Lieutenant-colonel.

e Régiment de uhlans . . . . Major.
e Régiment de uhlans . . . . *Idem.*

e Brigade d'artillerie. . . . . Lieutenant-colonel.
1re Subdivision montée . . . . Major.
2e Subdivision montée . . . . *Idem.*
3e Subdivision montée . . . . *Idem.*
Subdivision à cheval . . . . *Idem.*
Train . . . . *Idem.*

OBSERVATIONS.

1. Les officiers qui commandent les troupes, depuis le général jusqu'au chef de bataillon et de détachement, ne sont désignés que par leur nom et leur emploi; mais lorsqu'ils n'exercent un commandement que momentanément, ils le sont aussi avec leur grade.

2. Lorsque la landwehr assiste à la parade, on indique le quartier général des bataillons et des escadrons qui ne sont pas enrégimentés.

3. Le format à employer est l'in-quarto ou le grand in-octavo; ces états devront être écrits ou autographiés sur papier fort, afin qu'on puisse les consulter sur le terrain.

Le modèle ci-dessus servira de règle générale pour les écritures et les abréviations; on écrira en lettres latines les noms propres et ceux des divisions et des brigades.

Le _______________ 18___.

I. LIGNE.

LIEUTENANT GÉNÉRAL (GÉNÉRAL DE DIVISION):

4. Brigade d'infanterie.   **3. Brigade d'infanterie.**   **2. Brigade d'infanterie.**   **1. Brigade d'infanterie.**

Major général (général de brigade):   Major général (général de brigade):   Major général (général de brigade):   Major général (général de brigade):

II. LIGNE.

LIEUTENANT GÉNÉRAL (GÉNÉRAL DE DIVISION):

Bat. du train (escad. du train des équipages) du 1ᵉʳ Corps.   **Brigade d'artillerie de la Prusse orientale n° 1.**   **2. Brigade de cavalerie.**   **1. Brigade de cavalerie.**

NOTA:

1) Si le régiment de fusiliers ne fait pas partie du corps d'armée, on ne le comprendra pas dans l'état.

2) De même, on ne comprendra pas les régiments de cavalerie de la landwehr qui ne seraient pas réunis sous les armes.

3) Si une compagnie d'infirmiers se trouvait présente, elle serait sous le commandement du commandant du bataillon du train (escadron du train des équipages) et placée sur l'aile gauche de ce bataillon, et serait comprise, dans cet ordre, dans l'état de la formation en bataille.

4) Les voitures attelées du train, et éventuellement aussi celles de la compagnie d'infirmiers, sont à placer derrière les hommes.

5) Inscrire les noms des colonels et des chefs de bataillon (major).

6) Placer les brigades de cavalerie, par ordre de numéro, les régiments, de même, rangés selon l'ancienneté à partir de l'aile droite. C'est là la règle. — S'il doit en être dérogé, par exemple, la brigade légère formée et placée sur l'aile droite, un ordre spécial le prescrit toujours.

7) Les lignes sont commandées par les généraux de division (divisionnaires). Si les deux généraux de division appartiennent à la même arme, le plus jeune prend le commandement de celle des troupes qui ne sont pas formées de son arme.

Lieu: Date:

Signatures;

Grade:

RÉPARTITION DES TROUPES DU ᵉ CORPS D'ARMÉE

POUR LA

MANŒUVRE DE CAMPAGNE CONTRE LE ᵉ CORPS D'ARMÉE,

le . . . . 186..

Général en chef . . . . Lieutenant général.
Chef d'état-major . . . . Lieutenant-colonel.
Commandant de l'artillerie . . . . *Idem.*

Avant-garde . . . . Général-major.
  ᵉ Brigade d'infanterie . . . . *Idem.*
    ᵉ Régiment d'infanterie . . . . Lieutenant-colonel.
      1ᵉʳ Bataillon . . . . Major.
      2ᵉ Bataillon . . . . Capitaine.
      Bataillon de fusiliers . . . . *Idem.*
    ᵉ Régiment d'infanterie . . . . Major.
      1ᵉʳ Bataillon . . . . *Idem.*
      2ᵉ Bataillon . . . . *Idem.*
      Bataillon de fusiliers . . . . *Idem.*
    ᵉ Bataillon de chasseurs . . . . . . *Idem.*
    ᵉ Batterie montée, rayée, de la ᵉ
      brigade d'artillerie. . . . . Capitaine.
    ᵉ Batterie d'obusiers . . . . *Idem.*
    Équipage des ponts d'avant-garde. *Idem.*
  Cavalerie :
    ᵉ Régiment de hussards. . . . . . . Major.
    ᵉ Demi-batterie à cheval de la ᵉ bri-
      gade d'artillerie . . . . Capitaine.

Corps de bataille . . . . Lieutenant général.

Division d'infanterie . . . . Général-major.

 ᵉ Régiment de fusiliers . . . . . . Lieutenant-colonel.
  1ᵉʳ Bataillon . . . . Major.
  2ᵉ Bataillon . . . . *Idem.*
  3ᵉ Bataillon . . . . Capitaine.

 ᵉ Brigade d'infanterie . . . . Colonel.
  ᵉ Régiment d'infanterie . . . . . . Lieutenant-colonel.
  1ᵉʳ Bataillon . . . . Major.
  2ᵉ Bataillon . . . . Capitaine.
  Bataillon de fusiliers . . . . . . *Idem.*

  ᵉ Régiment d'infanterie . . . . . . Lieutenant-colonel.
  1ᵉʳ Bataillon . . . . Major.
  2ᵉ Bataillon . . . . *Idem.*
  Bataillon de fusiliers . . . . . . Capitaine.

 ᵉ Brigade d'infanterie . . . . Général-major.
  ᵉ Régiment d'infanterie . . . . . . Lieutenant-colonel.
  1ᵉʳ Bataillon . . . . Major.
  2ᵉ Bataillon . . . . Capitaine.
  Bataillon de fusiliers . . . . . . *Idem.*

  ᵉ Régiment d'infanterie . . . . . . Lieutenant-colonel.
  1ᵉʳ Bataillon . . . . Major.
  2ᵉ Bataillon . . . . *Idem.*
  Bataillon de fusiliers . . . . . . *Idem.*

  ᵉ Batterie rayée de la ᵉ brigade
    d'artillerie . . . . Capitaine.

  ᵉ Batterie d'obusiers de la ᵉ brigade
    d'artillerie . . . . *Idem.*

  ᵉ Batterie de 12 livres de la ᵉ bri-
    gade d'artillerie . . . . *Idem.*

RÉSERVE . . . . Lieutenant général.
   e Brigade d'infanterie . . . . Colonel.
      e Régiment d'infanterie. . . . . . . *Idem.*
         1er Bataillon . . . . Major.
         2e Bataillon . . . . *Idem.*
         Bataillon de fusiliers . . . . Capitaine.
      e Régiment d'infanterie. . . . . . . Lieutenant-colonel.
         1er Bataillon . . . . Major.
         2e Bataillon . . . . Capitaine.
         Bataillon de fusiliers . . . . . . Major.

Réserve de cavalerie . . . . Général-major.
   e Brigade de cavalerie . . . . Colonel.
      e Régiment de dragons . . . . Lieutenant-colonel.
      e Régiment de uhlans . . . . Major.
   e Brigade de cavalerie. . . . . Colonel.
      o Régiment de cuirassiers. . . . . . Lieutenant-colonel.
      e Régiment de uhlans. . . . . Major.
      e Batterie à cheval de la e brigade
         d'artillerie . . . . Capitaine.

Réserve d'artillerie . . . . Major.
   e Batterie montée, rayée, de la o
      brigade d'artillerie. . . . . Capitaine.
   e Batterie d'obusiers de la e brigade
      d'artillerie . . . . *Idem.*
   o Batterie de 12 livres de la e bri-
      gade d'artillerie . . . . *Idem.*
   e Batterie à cheval de la e brigade
      d'artillerie . . . . *Idem.*
   e Demi-batterie à cheval de la o bri-
      gade d'artillerie . . . . *Idem.*

   e Bataillon de pionniers. . . . . . . Major.
   Équipages de ponts.

REMARQUES.

1. On se conformera à ce qui est prescrit au Supplément (annexe II), seulement on ne portera pas les noms des quartiers généraux des bataillons et des escadrons de la landwehr qui ne sont pas enrégimentés.

2. Dans la formation des subdivisions tactiques, on suivra, autant que possible, le rang de bataille.

Annexe V.

RAPPORT

SUR LES

MANŒUVRES D'AUTOMNE DES DIVISIONS DU • CORPS D'ARMÉE

de l'année 18...

• Division.

1. Répartition du temps.

Si les exercices ont eu lieu d'après le tableau de répartition du temps, approuvé le ....., ou, si l'on ne s'y est pas conformé, indiquer les dérogations qui ont été faites et dans quelles circonstances elles ont eu lieu.

2. Effectif des troupes qui ont pris part aux exercices.

On fera un état de l'effectif des troupes présentes à la fin des manœuvres. On expliquera les différences notables qui existeraient entre l'effectif actuel et celui porté sur les premiers états.

3. État des troupes.

4. Dispositions et exécution des manœuvres.

5. Subsistances.

6. État sanitaire.

Le nombre de malades au commencement des exercices du régiment et à la fin des manœuvres.

7 Observations.

° Division.

(Comme ci-dessus.)

TABLEAU

INDIQUANT L'EFFICACITÉ

DES BOUCHES A FEU DE CAMPAGNE PRUSSIENNES

ET DU FUSIL A AIGUILLE.

Effet, en 3 minutes, d'une batterie de 4 bouches à feu présentant un front de 60 pas.

1° Contre des colonnes d'infanterie présentant un front de 95 pas et ayant 40 pas de profondeur.

Tir à…			Bout portant.	300 pas.	600 pas.	900 pas.	1200 pas.	1500 pas.	1800 pas.	2000 pas.	2400 pas.
Canon lisse de 6, Boulet.	Tir à ricochet.	Effet utile.	»	»	»	*15*	*12*	*10*	»	»	»
	Tir de plein fouet.	Zones efficaces…	»	»	160 de { 520 à 680 }	30 de { 800 à 940 }	40 de { 1180 à 1220 }	30 de { 1485 à 1515 }	»	»	»
		Effet utile.	»	*63*	*38*	*18*	*10*	»	»	»	»
Canon lisse de 12, Boulet.	Tir à ricochet.	Effet utile.	»	»	»	*20*	*15*	*10*	*8*	»	»
	Tir de plein fouet.	Zones efficaces…	»	»	145 de { 520 à 665 }	85 de { 855 à 940 }	62 de { 1168 à 1230 }	50 de { 1470 à 1520 }	30 de { 1785 à 1815 }	»	»
		Effet utile.	»	*77*	*46*	*30*	*12*	*10*	»	»	»
Canon lisse de 12, Obus.	Tir de plein fouet.	Zones efficaces…	»	»	760 de { 0 à 760 }	140 de { 830 à 970 }	110 de { 1150 à 1260 }	120 de { 1440 à 1560 }	105 de { 1765 à 1870 }	68 de { 1980 à 2048 }	»
		Effet utile.	»	»	»	*65*	*38*	»	»	»	»
Canon rayé de 6, Obus.	Tir de plein fouet.	Zones efficaces…	»	»	125 de { 530 à 655 }	62 de { 868 à 930 }	55 de { 1170 à 1225 }	44 de { 1476 à 1520 }	42 de { 1780 à 1822 }	36 de { 1982 à 2018 }	21 de { 2388 à 2412 }
		Effet utile.	»	»	*153*	*128*	*100*	*85*	*73*	*50*	»
Obusier de 7, Obus.	Tir de plein fouet.	Zones efficaces…	»	»	43 de { 578 à 621 }	22 de { 889 à 911 }	17 de { 1190 à 1207 }	7 de { 1496 à 1503 }	»	»	»
		Effet utile.	*Semblable à celui du boulet de 6 liv.*								
	Tir à ricochet.	Effet utile.	»	*85*	*30*	26	22	18	15	10	»
	Tir vertical.	Effet utile.	»	*30*	*28*	35	22	20	»	»	»

(Centre de gravité au-dessous du centre de figure jusqu'à 1500 pas.) [Voy. p. 114, note.]

Nota. La batterie en question est admise comme composée successivement de 4 des bouches à feu énumérées dans le présent tableau, lesdites bouches à feu tirant les différents projectiles indiqués.

Les chiffres italiques indiquent le nombre d'hommes mis hors de combat.

L'effet utile contre la cavalerie est de $\frac{1}{4}$ ou de $\frac{1}{3}$ plus considérable que celui indiqué contre l'infanterie.

Les chiffres donnés pour les zones efficaces indiquent l'étendue d'action d'une pièce pointée à une distance donnée; ainsi le canon lisse de 6 livres, pointé à 600 pas, exerce une action efficace dans une zone de 160 pas comprise entre les distances de 520 à 680 pas de la bouche à feu,

Le pas est de 0m,750.

Tir à.................	Bout portant.	300 pas.	600 pas.	900 pas.	1200 pas.	1500 pas.	1800 pas.	2000 pas.	2400 pas.
Schrapnels. Can. lisse de 6. — Tir de plein fouet — Effet utile.	»	50	35	25	»	»	»	»	»
Can. lisse de 12. — Tir de plein fouet — Effet utile.	»	1	80	60	30	»	»	»	»
Canon rayé de 6. — Tir de plein fouet — Effet utile.	283	240	185	150	120	55	50	»	»
Obusier de 7. — Tir de plein fouet — Effet utile.	»	75	60	32	»	»	»	»	»

2° *Contre des colonnes ou des lignes d'artillerie* (*deux batteries présentant un front de 160 pas*).

Tir à	Bout portant.	300 pas.	600 pas.	900 pas.	1200 pas.	1500 pas.	1800 pas.	2000 pas.	2400 pas.
Canon lisse de 6. Boulet. — Tir de plein fouet — Zones efficaces...	»	420 de 252 à 672	420 de 252 à 672	96 de 842 à 983	48 de 1170 à 1218	38 de 1478 à 1516	»	»	»
— Effet utile.	»	45	25	10	5	»	»	»	»
Canon lisse de 12. Boulet. — Tir de plein fouet — Zones efficaces...	»	405 de 258 à 663	405 de 258 à 663	92 de 842 à 934	59 de 1165 à 1224	48 de 1470 à 1518	36 de 1778 à 1814	»	»
— Effet utile.	»	55	35	17	10	5	»	»	»
Canon lisse de 12. Obus. — Tir de plein fouet — Zones efficaces...	»	765 de 0 à 765	765 de 0 à 765	190 de 775 à 965	126 de 1124 à 1250	154 de 1403 à 1557	138 de 1728 à 1866	92 de 1958 à 2050	»
— Effet utile.	»	»	»	50	30	»	»	»	»
Canon rayé de 6. Obus. — Tir de plein fouet — Zones efficaces...	»	»	166 de 492 à 658	91 de 837 à 928	76 de 1158 à 1234	48 de 1470 à 1518	36 de 1780 à 1816	35 de 1975 à 2010	21 de 2365 à 2409
— Effet utile.	»	»	120	100	80	70	60	50	»
Obusier de 7.... Tir vertical... Effet utile.	»	20	20	14	12	10	»	»	»
Schrapnels. Can. lisse de 6. — Tir de plein fouet — Effet utile.	»	30	25	15	»	»	»	»	»
Can. lisse de 12. — Tir de plein fouet — Effet utile.	»	»	50	35	18	»	»	»	»
Obusier de 7.. — Tir de plein fouet — Effet utile.	»	50	35	22	»	»	»	»	»

Nous désignons par *Bout portant* les distances inférieures à 300 pas. (Note du traducteur.)

Nota. Effet utile du boulet ou de l'obus contre l'artillerie: Une pièce démontée est admise comme équivalant à 250 hommes hors de combat.

Tir à............................	Bout portant.	300 pas.	600 pas.	900 pas.	1200 pas.	1500 pas.	1800 pas.	2000 pas.	2400 pas.

3° Contre des colonnes de marche dans un défilé, ayant un front de 35 pas et une profondeur de 100 pas.

Matériel	Tir		Bout portant.	300 pas.	600 pas.	900 pas.	1200 pas.	1500 pas.	1800 pas.	2000 pas.	2400 pas.
Canon lisse de 6. Boulet.	Tir de plein fouet.	Zones efficaces...		420 de {252 à 672}	420 de {252 à 672}	96 de {842 à 938}	48 de {1170 à 1218}	38 de {1478 à 1516}			
		Effet utile.		80	50	30	23				
Canon lisse de 12. Boulet.	Tir de plein fouet.	Zones efficaces...		405 de {258 à 663}	405 de {258 à 663}	92 de {842 à 934}	59 de {1165 à 1234}	48 de {1470 à 1518}	36 de {1778 à 1814}		
		Effet utile.		100	80	55	35	20			
Obus. — Can. lisse de 12.	Tir de plein fouet.	Zones efficaces...		765 de {0 à 765}	765 de {0 à 765}	190 de {775 à 965}	126 de {1124 à 1250}	154 de {1403 à 1557}	138 de {1728 à 1866}	92 de {1958 à 2050}	
		Effet utile.				85	56				
Obus. — Canon rayé de 6.	Tir de plein fouet.	Zones efficaces...			166 de {492 à 658}	91 de {837 à 928}	76 de {1158 à 1234}	48 de {1470 à 1518}	36 de {1780 à 1818}	35 de {1975 à 2010}	21 de {2388 à 2409}
		Effet utile.			155	125	100	85	75	50	
Obus. — Obusier de 7. Obus.	Tir de plein fouet.	Zones efficaces...		430 de {250 à 680}	430 de {250 à 680}	137 de {815 à 952}	95 de {1142 à 1237}	69 de {1456 à 1525}	40 de {1776 à 1816}	31 de {1982 à 2013}	21 de {2388 à 2409}
		Effet utile.	*Semblable à celui de l'obus tiré avec le canon lisse de 12 l. (Centre de gravité au-dessus du centre de figure jusqu'à 2000 pas.)*								
	Tir à ricochet. Effet utile.			50	40	29	20	13	13	10	
	Tir vertical. Effet utile.			30	30	25	22	20			

NOTA. Pour le tir de l'obusier tirant un obus, l'artillerie prussienne admet que lorsque le centre de gravité au-dessus du centre de figure, la flèche de la trajectoire est plus tendue que lorsque le centre de gravité se trouve au-dessous du centre de figure; elle prescrit donc les règles suivantes:

A. Pour le tir plongeant (tir à faible charge, sous de grands angles),

1° Jusqu'à 1,500 pas, le projectile est introduit dans la bouche à feu de manière à ce que le centre de gravité se trouve au-dessous du centre de figure;

2° Au delà de 1,500 pas, le projectile est introduit de manière à ce que le centre de gravité se trouve au-dessus du centre de figure.

B. Pour le tir rasant (tir à forte charge, sous de petits angles), le centre de gravité doit se trouver au-dessus du centre de figure.

Les règles prescrites ci-dessus et page 110 pour le tir de l'obusier de 7 tirant un obus, sont la conséquence de ces principes.

Pour arriver à établir le centre de gravité, chaque obus est plongé, au moment de sa complète terminaison, dans un bain de mercure, de manière à préciser exactement son centre de gravité; à ce moment le projectile est marqué, d'une manière indélébile, à sa partie supérieure, d'une flèche. Pour charger, le projectile est conduit avec la main dans l'âme de la pièce jusqu'à ce qu'il repose sur la cartouche; à ce moment, la flèche doit correspondre exactement avec la partie supérieure ou inférieure de l'âme, suivant l'effet qu'on recherche. (Note du traducteur.)

Tir à............	Bout portant.	300 pas.	500 pas.	900 pas.	1200 pas.	1500 pas.	1800 pas.	2000 pas.	2400 pas.
Schrapnels. Canon lisse de 6. — Tir de plein fouet. — Effet utile.	»	50	35	25	»	»	»	»	»
Can. lisse de 12.	»	»	50	60	30	»	»	»	»
Canon rayé de 6.	285	240	185	150	120	55	50	»	»
Obusier de 7 ..	»	75	60	82	»	»	»	»	»
Mitraille Canon lisse de 6. — Tir de plein plein. — Effet utile.	140	90	»	»	»	»	»	»	»
Can. lisse de 12.	160	120	»	»	»	»	»	»	»
Obusier de 7 ..	130	90	»	»	»	»	»	»	»

4° Contre de l'infanterie en ligne (4 bataillons) présentant un front de 300 pas.

Tir à	Bout portant.	300 pas.	500 pas.	900 pas.	1200 pas.	1500 pas.	1800 pas.	2000 pas.	2400 pas.
Mitraille. Canon lisse de 6. — Tir de plein fouet. — Effet utile.	140	75	»	»	»	»	»	»	»
Can. lisse de 12.	160	105	»	»	»	»	»	»	»
Canon rayé de 6.	100	60	»	»	»	»	»	»	»
Obusier de 7 ..	150	60	»	»	»	»	»	»	»

Fusil à aiguille.

Effet utile des feux donnés par un front de 60 pas, en 3 minutes, contre de l'infanterie en ligne (4 bataillons) présentant un front de 300 pas.

Tir à............	100 pas.	200 pas.	300 pas.	400 pas.	500 pas.	600 pas.	700 pas.	800 pas.	900 pas.
Salves de 66 files.............	1040	960	885	750	660	540	405	285	180
Feu rapide de 40 files..........	765	703	645	600	555	480	375	255	135

Zones efficaces du fusil à aiguille.

TIR à :	ÉTENDUE DE LA ZONE EFFICACE.	
	INFANTERIE.	CAVALERIE.
100 pas.............	0 à 205 pas (205 pas)	0 à 205 pas (205 pas)
200 pas.............	0 à 280 pas (280 pas)	0 à 280 pas (280 pas)
300 pas.............	0 à 366 pas (366 pas)	0 à 366 pas (366 pas)
400 pas.............	345 à 455 pas (110 pas)	0 à 455 pas (455 pas)
500 pas.............	464 à 555 pas (91 pas)	377 à 555 pas (178 pas)

TIR à :	ÉTENDUE DE LA ZONE EFFICACE.	
	INFANTERIE.	CAVALERIE.
600 pas.............	568 à 633 pas (65 pas)	530 à 633 pas (103 pas)
700 pas.............	676 à 726 pas (50 pas)	643 à 726 pas (83 pas)
800 pas.............	778 à 822 pas (44 pas)	756 à 822 pas (66 pas)
900 pas.............	888 à 924 pas (36 pas)	867 à 924 pas (57 pas)

Explications relatives à l'annexe VII.

1. Les manœuvres contre un ennemi marqué ont pour but d'exercer les officiers qui les commandent, à comprendre et à remplir promptement une tâche qui leur est confiée, en tenant compte du terrain et des différentes espèces d'armes de l'ennemi qui leur est opposé. Elles devront être organisées de telle sorte que toutes les subdivisions des troupes qui manœuvrent, soient employées le plus souvent possible; à cet effet, on pourra s'écarter des divisions qu'exigent les principes de la tactique.

2. Le général en chef commande lui-même; il divise, à part lui, la manœuvre en mouvements, et indique d'avance, d'une manière précise, les positions et les mouvements de l'ennemi marqué. Il sépare les mouvements par des pauses, lorsque cela peut avoir lieu sans que le simulacre de guerre en soit moins fidèle.

3. L'ennemi marqué ne manœuvre jamais de son propre chef; il ne doit être que la cause des mesures que prendront les troupes qui manœuvrent.

4. On ne fait connaître aux généraux et aux troupes que l'idée générale et le rendez-vous; le reste est commandé séance tenante.

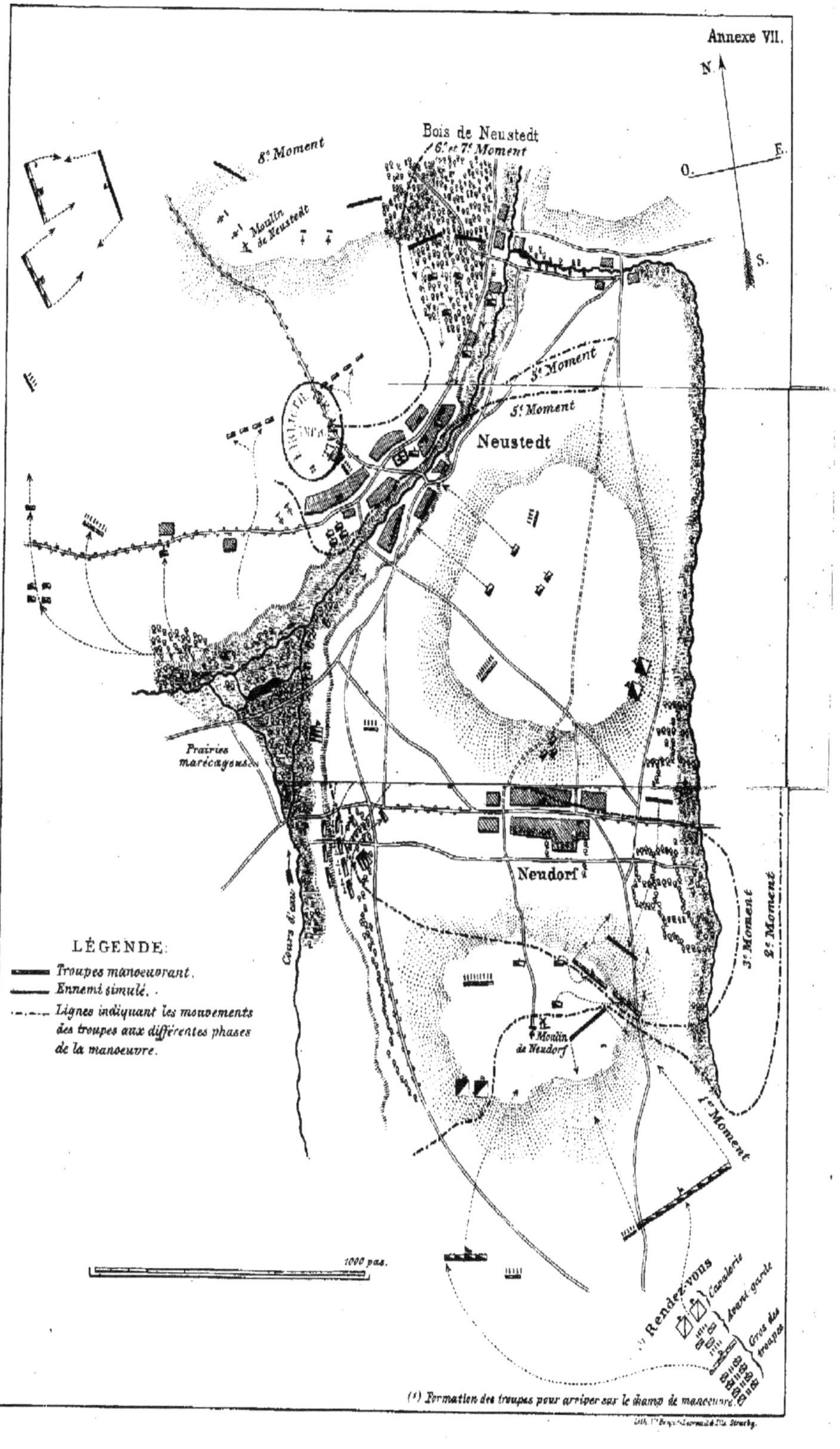

Annexe VII.
N.
O.
E.
S.
8e Moment
Bois de Neustedt
6e et 7e Moment
Moulin de Neustedt
3e Moment
5e Moment
Neustedt
Prairies marécageuses
Neudorf
3e Moment
2e Moment
Moulin de Neudorf
1er Moment
Cours d'eau
LÉGENDE:
Troupes manoeuvrant.
Ennemi simulé.
Lignes indiquant les mouvements
des troupes aux différentes phases
de la manoeuvre.
1000 pas.
Rendez-vous
Cavalerie
Avant-garde
Gros des troupes
(1) Formation des troupes pour arriver sur le champ de manoeuvre.
Lith. Fte Berger-Levrault & Cie. Strasbg.

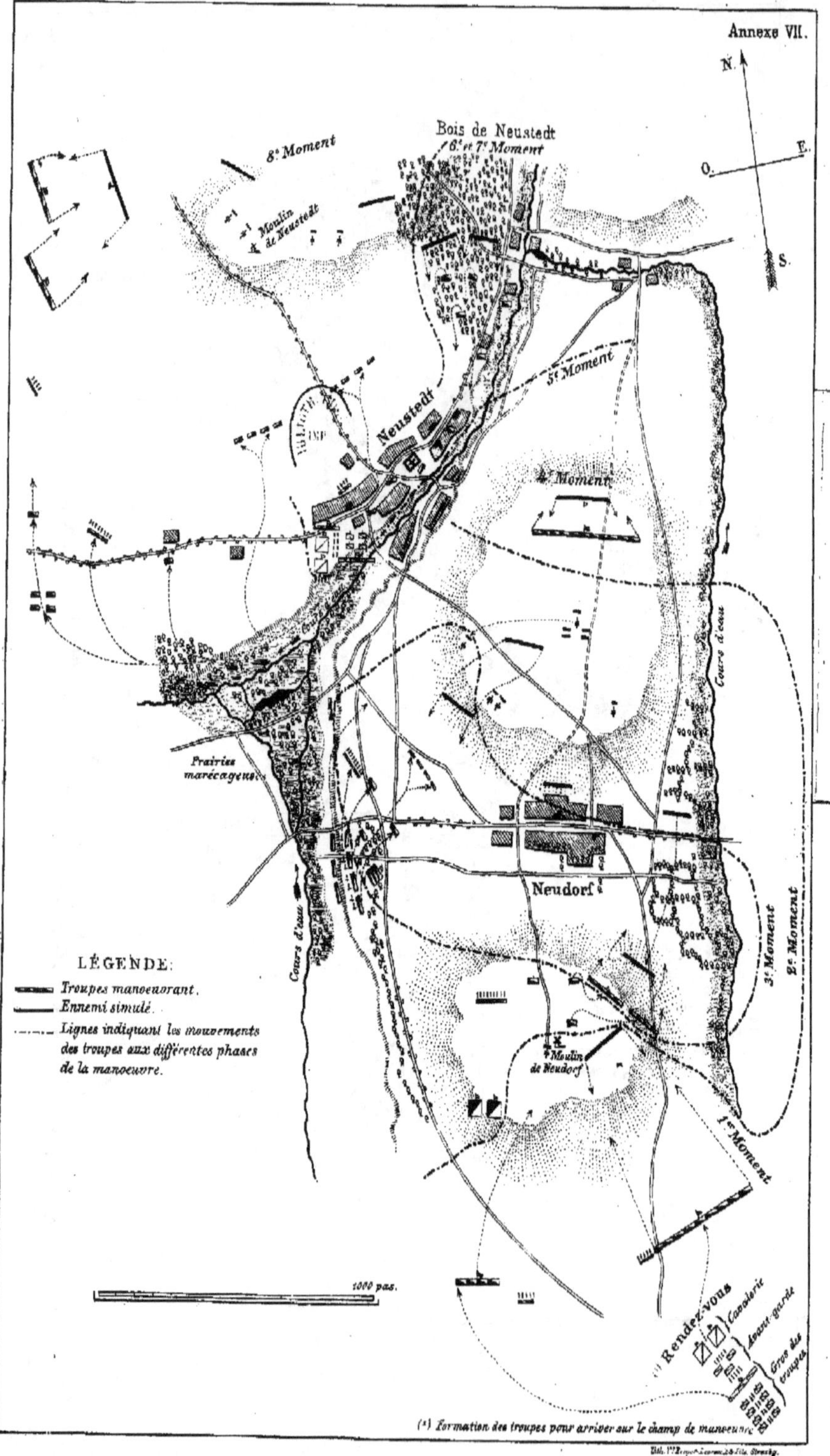

Annexe VII.
N.
O.
E.
S.
Bois de Neustedt
6.e et 7.e Moment
8.e Moment
Moulin de Neustedt
5.e Moment
4.e Moment
Neustedt
Cours d'eau
Prairies marécageuses
Neudorf
3.e Moment
2.e Moment
Moulin de Neudorf
1.er Moment
Cours d'eau
LÉGENDE:
Troupes manoeuvrant.
Ennemi simulé.
Lignes indiquant les mouvements
des troupes aux différentes phases
de la manoeuvre.
1000 pas.
Rendez-vous
Cavalerie
Avant-garde
Gros des troupes
(*) Formation des troupes pour arriver sur le champ de manoeuvre.

Exemple pour la manœuvre d'une division contre un ennemi marqué.

(Voir le plan.)

Idée générale.

Une armée battue se retire derrière la rivière R. Une arrière-garde couvre la retraite; une division de l'armée ennemie atteint l'arrière-garde au village de Neudorf, et l'attaque.

(Voir sur le plan le rendez-vous de la division.)

Instructions pour l'ennemi marqué.

L'ennemi marqué représente l'arrière-garde de l'armée battue; il exécutera les huit mouvements suivants :

(Les positions de l'ennemi dans les différents mouvements sont tracées à l'encre noire.)

1er *mouvement.* La cavalerie se déploie et une batterie se met en position près des moulins du village de Neudorf.

2e *mouvement.* L'arrière-garde entière prend position derrière le village de Neudörf.

3e *mouvement.* L'infanterie s'avance contre l'aile droite de l'avant-garde et contre la tête de colonne du corps ennemi.

(Ce mouvement sera ordonné par le commandant de la division.)

4e *mouvement.* La cavalerie se déploie pour couvrir la retraite sur le plateau situé au nord de Neudorf.

5e *mouvement.* Occupation de la ville de Neustadt par l'infanterie et deux batteries.

6e *mouvement.* L'infanterie prend position dans les bois de Neustadt et deux batteries s'établissent aux moulins de Neustadt.

7e *mouvement.* Mouvement offensif contre l'ennemi qui pénètre dans les bois de Neustadt.

(Ce mouvement sera ordonné par le commandant de la division.)

8e *mouvement.* L'arrière-garde entière prend position auprès des moulins de Neustadt.

FORMATION DE RENDEZ-VOUS
d'un corps d'Armée sur pied de guerre.

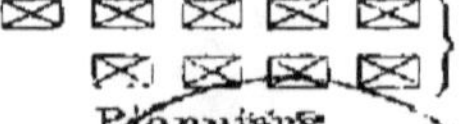

ARABESQUES

PAR

LE GÉNÉRAL Bon J. AMBERT

1 vol. format Charpentier. — Prix : 3 fr.

TABLE DES MATIÈRES.

STRASBOURG, IMPRIMERIE DE VEUVE BERGER-LEVRAULT.